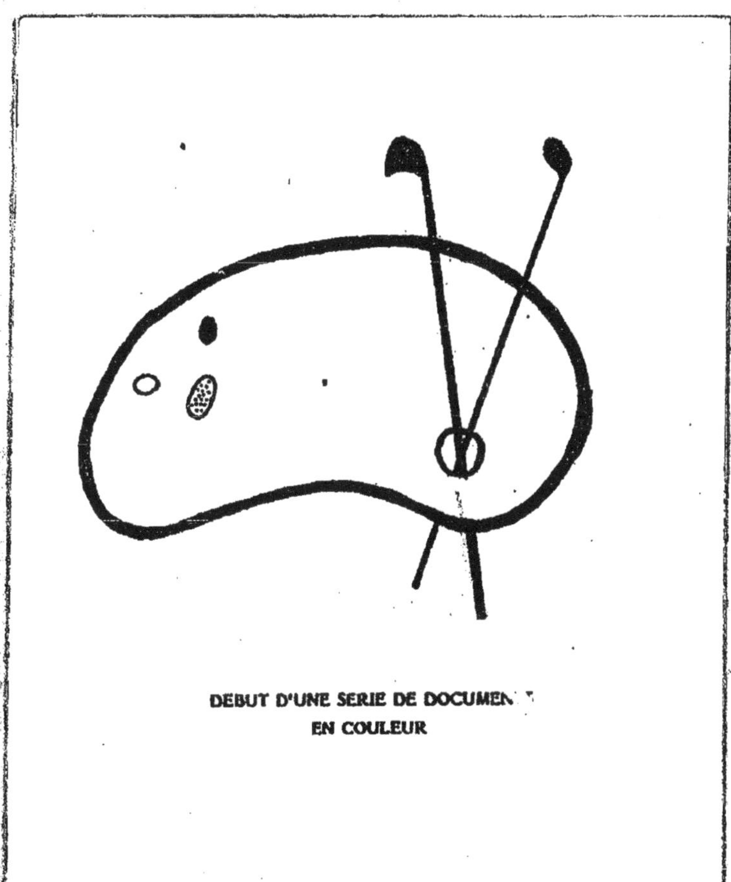

DEBUT D'UNE SERIE DE DOCUMENTS
EN COULEUR

SCIENCE ET RELIGION

Études pour le temps présent

J. ROUQUETTE

LES Saint Barthélemy Calvinistes

L'INQUISITION PROTESTANTE

BLOUD & Cie

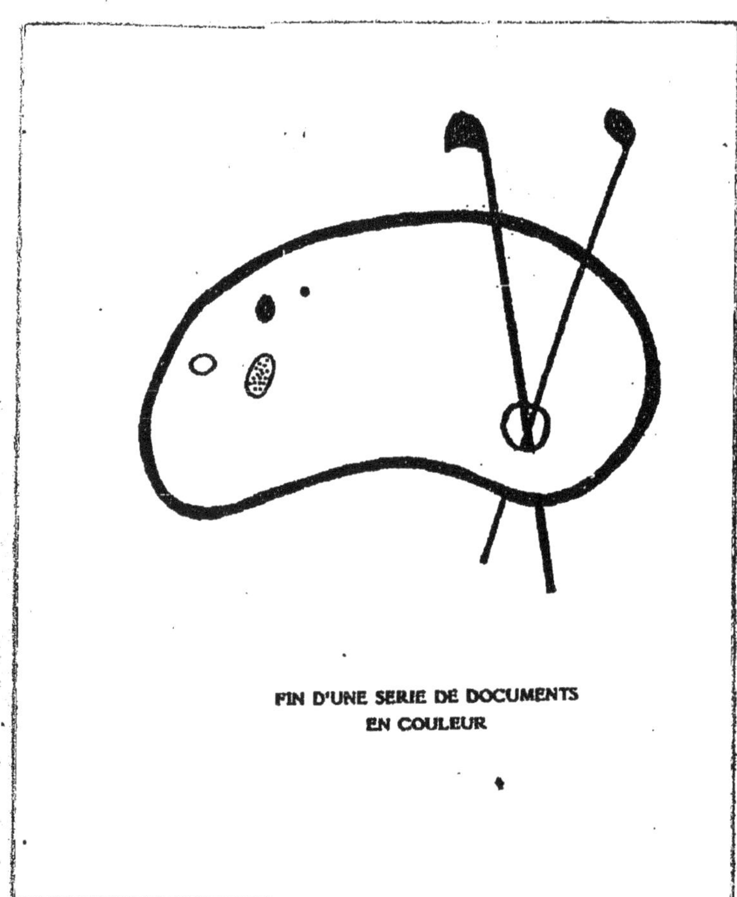

FIN D'UNE SERIE DE DOCUMENTS
EN COULEUR

SCIENCE ET RELIGION
Études pour le temps présent

L'INQUISITION PROTESTANTE

LES

SAINT BARTHÉLEMY CALVINISTES

Par l'Abbé J. ROUQUETTE

PARIS
LIBRAIRIE BLOUD & Cie
4, RUE MADAME, 4

DANS LA MÊME COLLECTION

---

144. DIDIER (L.), agrégé de l'Université. — **La Révocation de l'édit de Nantes, ses causes et ses conséquences** . . . . 1 vol.

82. FLAMERION (R. P.), S. J. — **De la Prospérité comparée des nations catholiques et des nations protestantes** . . . . 1 vol.

58. HELLO (Henri). — **La Saint-Barthélemy** . . 1 vol.

LAFFAY (E.), docteur ès lettres. — *Origines du protestantisme.* 3 vol. se vendant séparément.

190. I. — **L'Allemagne au temps de la réforme.** 1 vol.

191. II. — **Luther** . . . . 1 vol.

192. III. — **La Conquête Luthérienne** . . . . . 1 vol.

221. PISANI (Chanoine). — **Les Missions protestantes à la fin du XIXe siècle** . . . . 1 vol.

12. ROMAIN (C.). — **L'Eglise catholique et les Protestants** . . . . 1 vol.

38. — **L'Inquisition,** *son rôle religieux, politique et social* . . . . 1 vol.

PRÉFACE

Le massacre de Vassy et la Saint-Barthélemy se trouvent dans toutes les histoires : le premier pour montrer que les catholiques furent provocateurs des guerres civiles ; le second pour apitoyer tous les cœurs sur de grands coupables. Les historiens passent sous silence les excès commis par les huguenots, qui, dès lors, apparaissent le front entouré de l'auréole des martyrs. Je crois qu'une étude consciencieuse de cette époque ramènerait les faits à leur juste proportion.

Le massacre de Montpellier eut lieu six mois avant celui de Vassy et la Michelade de Nîmes précéda de cinq ans la Saint-Barthélemy. Un élément que l'on a oublié et qu'on semble ne pas vouloir consulter, c'est le peuple, le peuple qui a souffert dans sa foi et dans sa nationalité.

On ne veut pas que le protestantisme ait semé tant de haine populaire sur ses pas : malheureusement, les documents contemporains sont là pour nous apprendre que le protestantisme s'établit en France autrement que par des luttes pacifiques.

J'aurais pu augmenter ce volume. La matière ne

manque pas ; ces quelques récits suffiront, je l'espère, à montrer la tolérance protestante, et à prouver qu'il y a un sang aussi pur que le sang huguenot qui fut répandu dans notre patrie et bien avant que les catholiques eussent opéré le massacre de Vassy et la Saint-Barthélemy.

LES SAINT BARTHÉLEMY CALVINISTES

CHAPITRE PREMIER

LES TROUBLES DE GAILLAC EN ALBIGEOIS

Nous avons vu le maître à l'œuvre. La longue liste des victimes que j'ai fait passer sous les yeux du lecteur a prouvé que Calvin n'avait pas connu le premier mot de la tolérance, et que, despote impitoyable, c'était par le fer et le feu, qu'il avait imposé sa doctrine à Genève.

Les disciples seront dignes du maître. Il sera intéressant d'étudier les origines du protestantisme, non pas d'après les historiens modernes, mais d'après les documents transmis par les contemporains.

Partout où pénétra le protestantisme il fut intolérant et sema des haines violentes.

Destructeurs des églises, massacreurs des prêtres, violateurs des tombeaux, provocateurs, insulteurs des croyances catholiques, tels furent les huguenots, qui s'étonnèrent ensuite d'avoir attiré sur leur tête tant de représailles, et de trouver enfin sur leurs pas la justice populaire terrible et impitoyable.

Les mémoires de Mathieu Blouyn nous permettront de revivre avec lui quelques années des siècles passés. Nous y verrons les vexations dont furent victimes les catholiques, les moyens qu'employèrent les huguenots pour se faire des partisans, et comment, après avoir provoqué les catholiques, ils furent victimes à leur tour.

Avant de rapporter, en témoin oculaire, les scènes qui ensanglantèrent la ville de Gaillac en Albigeois, l'auteur rapporte deux ou trois faits que je tiens à mettre sous les yeux du lecteur.

A Montauban « on fit des actes d'indignités plus que barbares ». Un prêtre fut éventré vif et ses entrailles vendues au marché.

A Bressols, un prêtre célébrait la messe, « les huguenots le tirent de l'autel, et, ainsi revêtu de ses ornements sacerdotaux, portant entre ses mains le Saint-Sacrement de l'Eucharistie, fut amené et conduit au dit Montauban, monté sur un âne, la face tournée vers la queue, battu et maltraité par les rues, et enfin le Saint-Sacrement foulé aux pieds ».

Rabastens fut pris par les huguenots, plusieurs Cordeliers tués, les autres bannis. Sous la conduite de François Delerm, les églises furent pillées.

Ce même Delerm s'empara du serviteur d'un chanoine d'Albi, qui fut trouvé porteur de lettres de l'abbé de Beaulieu pour le cardinal de Guise.

Delerm fouilla le domestique, et, pour savoir s'il ne portait pas d'autres lettres, le fit mettre à la question.

Or, voici le supplice qu'il inventa.

Il le fit descendre à jeun dans une grotte, d'où il le tira bien tard sur le soir ; il le fit dépouiller de tout vêtement, et étendre tout nu sur un banc, lié, garrotté et exposé ainsi devant un grand feu.

« Il fut flambé trois fois dans l'espace de deux heures, avec du lard distillant d'une palefer bien chaude et ardente, sans aucune pitié et compassion, bien que par ses cris, il témoignât souffrir une grande douleur. » Il fut alors descendu de nouveau dans la grotte « sans le panser jusqu'au lendemain qu'on le laissa aller à sa liberté, faible et couvert d'ulcères ». Il arriva « avec grande douleur et peine jusque devant son maître... criant toujours qu'il brûlait, et, étant mort, il fut trouvé blessé de quatre cent sept gouttes dudit lard fondu, brûlé, dûment vérifiées, outre celles qui étaient les unes sur les autres. »

Les causes de la Réforme furent multiples : la corruption du clergé, ses richesses, le peu de zèle qu'il mettait à instruire les fidèles en furent les principales. Dans le Midi de la France, l'évêque de Montauban et celui d'Uzès se marient ; une partie de leur chapitre les suit. L'évêque de Montpellier meurt à temps, et ne laisse peser qu'un faible soupçon sur sa mémoire.

Les fidèles avides d'entendre la parole de Dieu, qui, depuis quelque temps, ne leur était pas annoncée, suivirent les prédicants. Ceux-ci ne trouvèrent, en effet, contre eux ni science ni vertu.

Ajoutez à ces causes le cri poussé par Calvin contre la propriété ecclésiastique et vous aurez l'explication de la diffusion du protestantisme.

A Gaillac, comme dans la France, ceux qui s'étaient donné l'autorité pour réformer le clergé furent « les plus riches et plus apparents, comme magistrats, gens de justice, bourgeois et marchands, peu de gens de métier et laboureurs. »

Au nombre de cent cinquante, non compris les femmes, ils appellent dans leur ville, Salicet, ministre à Rabastens. Il vint, et, pour mieux appuyer l'autorité de sa parole, il se fit accompagner par une douzaine de soldats.

Le nouvel apôtre descendit chez Pierre Vitalis, avocat. Cette maison fut le lieu où il prêcha contre le Pape, les cardinaux et les prêtres, et où il fit les premiers exercices de la nouvelle religion sous la garde des soldats qu'il avait amenés.

« Ils avaient mis bonne garde de soldats aux portes... même il y avait quelques débordés écoliers de Toulouse, armés de cottes de mailles, portant épée à deux mains. Cette nouvelle façon de faire mit une telle crainte à ceux des habitants catholiques de ladite ville qu'ils n'osèrent dire mot ni passer par la rue en laquelle était ladite maison. »

Ce recours à la force brutale dans une ville jusque-là paisible, ces appels incessants « à tenir pour ennemis de Dieu tous les papauts et leur faire guerre », ces blasphèmes contre la croyance de l'immense majorité, ces soldats placés aux portes, ces « écoliers débordés » annonçaient l'heure des guerres civiles.

En attendant, sans être combattue par personne, la Réforme s'est installée à Gaillac. Salicet qui était venu y détruire l'influence du clergé et combattre sa richesse, y trouva « de bons gages pour son entreténement » et y resta.

Au bout d'une quinzaine de jours, les disciples du ministre, « lui content, firent ouverture au derrière qui répond sur le cloître de l'église Saint-Pierre et Saint-André, par laquelle ils entrèrent dans ladite église, sans que personne s'en prit garde, jusqu'à ce qu'étant montés sur le haut clocher, ils commencèrent à faire force bruit et tintamare, sonner tocsin, criant : Ville gagnée ; tirant à travers la ville plusieurs arquebusades ce qu'ils continuèrent jusqu'au jour, sans que les pauvres habitants catholiques osassent sortir de leurs maisons, ni même ouvrir les fenêtres d'icelles pour voir que c'était. »

A la pointe du jour, prêtres et fidèles accourent à l'église dont l'entrée leur est interdite « avec coups et injures ». Les principaux d'entre eux s'assemblent et vont porter plainte à l'un des consuls. Celui-ci, « faisant semblant d'être bien marry de ce qu'avait été fait, prit son chaperon et s'en alla en ladite église, accompagné de M. le procureur du Roi et d'autres, pour voir et vérifier le trou par lequel on était entré » et aussi pour reconnaître ce qui aurait été déplacé et dérobé.

L'entrée de l'église fut accordée au consul et à ceux qui l'accompagnaient. Ils y pénétrèrent et virent « audedans plusieurs des habitants de la ville, même de leurs parents, ayant et tenant les armes aux mains comme tout prêts à combattre ». Les envahisseurs étaient occupés à rompre, briser, mettre en pièces avec des cognées et des marteaux les sièges, chaises de chœur, pupitres, et surtout « les bien saintes images ». Les catholiques versaient des larmes, les huguenots ne cessaient de poursuivre leur œuvre dévastatrice malgré la présence du consul.

Raymond de Paulhe, commandeur en l'église Saint-Pierre, reprocha au consul de souffrir qu'en sa présence, des hommes, étrangers pour la plupart, souillent et démolissent ce qu'il y avait de plus saint dans la ville.

Le consul ne tint nul compte de ces remontrances. Partisan des idées nouvelles, il fit appeler le ministre, fit fermer les portes, et obligea les catholiques présents, qu'ils le voulussent ou non, à ouïr le prêche. C'était la première fois qu'il prêchait en public.

L'édit de janvier vint rendre aux catholiques leur église. Les huguenots l'observèrent et allèrent faire leurs prêches dans une grange; « mais plus tôt, ils égratignèrent, ruinèrent et abattirent toutes les images tant de relief bosse que plate peinture » ; profanèrent « une belle image de Notre Dame de Pitié » qui était dans une chapelle attenant à la grande porte ; coururent ensuite tout armés à l'église Saint-Michel « et trouvant la porte bien fermée y mirent le feu, et étant entrés dedans commençaient à se charger de nappes et tapis et devant-d'autels qu'étaient de belle étoffe et commençaient d'abattre et ruiner les images quand ils entendirent le tocsin qui se fit si raide qu'il fit mettre tous en armes les habitants du château de l'Olm. »

Les huguenots prennent peur et fuient. Cette même nuit « ne pouvant dormir ni trouver repos », ils allèrent au cimetière abattre une fort belle croix ; de là à l'église de la Madeleine située en dehors de la ville, dont ils brûlent les portes, et s'emparent de tout ce qui s'y trouve.

A ces moyens de propagande par la violence, ils joignirent le colportage des livres « bien reliés et accommodés, composés et faits par Calvin ». Un jour de marché, un libraire en exposa. Les catholiques avertirent M. de Manso, consul catholique, qui se rendit sur les lieux, et fit saisir le colporteur et sa marchandise, non sans difficulté. Il y a tumulte et grand bruit : beaucoup de curieux arrivent. Les Réformés, au courant de ce qui devait arriver, accoururent armés, et « ayant dégainé leurs épées, s'adressèrent furieusement audit consul syndic et autres catholiques ». Ceux-ci se mirent aussitôt en défense ; il y eut des blessés de part et d'autre : le colporteur se sauva. Les huguenots « voyant que là ne faisait pas trop bon, entendant sonner le tocsin se retirèrent et perdirent parmi tavernes et cabarets. »

C'est surtout contre les prêtres et les religieux que les huguenots activaient la haine du peuple.

Le jour de la Quinquagésime, à Gaillac, ils firent un mannequin qui représentait un prêtre revêtu de ses ornements pour aller célébrer la messe. « Cela était rempli de foin, et au devant et au derrière, sur du papier, en grosses lettres, tels mots : Ainsi sera fait à tous prêtres qui ne voudront se marier et vivre comme on vit à Genève. » Chaque jour, pendant le Carême de cette année, « ils firent des mascarades et momeries en dérision et mépris des prêtres, moines et autres ecclésiastiques ». La nuit, ils posaient des placards aux portes des églises contre les catholiques et parcouraient les rues, proférant des menaces et chantant des chansons.

Ces vexations à l'adresse des catholiques entretenaient la haine et la division. Là comme ailleurs, les huguenots étaient la minorité, minorité entreprenante et hardie, mais sentant sa faiblesse si jamais les catholiques poussés à bout s'avisaient de riposter coup pour coup, vexation pour vexation : il fallait recruter des adeptes de gré ou de force.

Un jour, les consuls se rendent à la maison commune, et, comme s'ils voulaient délibérer des affaires de la ville, ils y invitent le syndic et les autres catholiques. Ceux-ci arrivent sans méfiance. Dès qu'ils sont entrés, un de la religion ferme la porte et annonce qu'on va dire les prières. Le diacre Barrau commence : refus des catholiques qui veulent sortir ; on leur ordonne de rester à peine de l'amende.

Devant cette pression, ils se révoltent, se mettent aux fenêtres de la maison commune, et, à haute voix, chantent les litanies. Au dehors, les marchands et les passants rient, disant qu'ils avaient perdu l'entendement ; au dedans, les huguenots leur commandent de se taire ; il y a des injures lancées ; on va même en arriver à une lutte à coups de pieds et de poings, n'ayant d'autres armes.

Pour tromper encore mieux les catholiques et recruter des adeptes, les huguenots font venir un prédicateur pour prêcher le Carême. C'est un moine augustin apostat, nommé Sesquières. Il porte l'habit de son ordre pour cacher son apostasie.

Les catholiques « pour si rudes, simples et péu entendus qu'ils fussent », comprenaient pourtant que ce moine ne leur enseignait pas la vraie religion. Il y eut bien quelques murmures, mais ils eurent la patience de l'écouter jusqu'à la fin du Carême.

Suivant la coutume, le jour de Pâques, Sesquières alla prêcher dans l'église Saint-Jean de Tartage. Au lieu d'enseigner la doctrine catholique sur le Purgatoire, il dit que c'était une invention des prêtres « pour mieux faire bouillir leur marmite ». Les auditeurs se mutinent et crient, font du tumulte et menacent de le dénoncer au cardinal Strozzi, évêque d'Albi. Sesquières promet alors de s'amender.

Le lendemain, nouveau sermon dans la même église : les catholiques arrivent nombreux pour être témoins de la rétractation du moine ; les huguenots aussi, pour lui donner du courage. Leur arrivée provoqua du trouble et du tumulte : tue! tue! criaient-ils, et déjà quelques-uns s'apprêtaient à entrer dans l'église à cheval, l'épée nue et le pistolet au poing. Les catholiques fermèrent les portes, et, saisissant leurs armes, se mirent en défense ; les religionnaires se retirèrent et, en partant, blessèrent quelques laboureurs et vignerons.

Toujours provoqués, toujours patients, les catholiques en appelèrent à la justice. Ils s'adressèrent aux Consuls et aux magistrats : « Allez, idolâtres, cafards, leur fut-il répondu, qu'avancez-vous de vous plaindre si tôt. On ne fait que commencer le jeu : le temps vient et est bien près que l'ancienne Babel sera détruite ».

Ce fut là toute la justice qu'ils purent obtenir : le mécontentement entra dans leur cœur.

Les Réformés, sûrs de leur impunité, se montrèrent plus insolents : ils voulurent interdire le son de l'angelus et la célébration de la messe.

Un jour, même, ils se rendirent à l'église Saint-Michel : « ils y trouvèrent résistance et à qui parler ; les catholiques, voyant qu'ils ne pouvaient compter que sur eux pour la défense de leurs droits, furent prêts à les recevoir, les armes à la main ».

Jusqu'ici, il n'y avait eu que des escarmouches, quelques horions, quelques blessures. Les huguenots se crurent bientôt assez forts pour s'emparer de la ville. Le jour choisi fut le jour de la Pentecôte (17 mai 1562).

Ce jour-là, ils se rendirent maîtres de l'église Saint-Pierre et Saint-André, et abandonnèrent la grange où, depuis le mois de janvier, ils tenaient leurs assemblées.

Ce même jour, plusieurs se firent recevoir de la nouvelle religion, « non pas comme j'ai ouï dire depuis à quelques-uns qui se sont réduits, pour avoir une opinion que la nouvelle religion fut meilleure que l'ancienne, mais voyant la grande autorité et puissance que les huguenots avaient ».

Pour donner plus de solennité à cette cérémonie, les Réformés résolurent de tenir une assemblée, en plein air, tapissèrent depuis la porte du Rateau jusqu'à celle du Boulevard, et y dressèrent une chaire.

Le ministre faisait prêter serment à tous de ne plus aller à la messe. Une femme refuse, disant qu'elle aimait mieux mourir. Colère du ministre, « la voix monta au moins quatre tons ». Il crie, gesticule, menace tant et si bien que dans un élancement de son corps, il renversa la chaire, et blessa plusieurs personnes dans sa chute. Lui-même « tomba aussi lourdement que la dite chaire pour le moins, se fit un peu plus de mal parce qu'il frappa assez rudement la terre de ses deux mains et de son pauvre visage ».

« Sur cette chute, chacun faisait jugement tel qu'il lui semblait. » Les uns y voyaient un miracle, les autres un présage de malheur, les blessés se lamentaient en disant que s'ils avaient été à l'église, la petite colombe qu'on faisait passer sur le peuple ce jour-là ne leur eût fait aucun mal, « pas au moins comme ce gros et pesant ministre ».

« Ceux qui étaient huguenots à bon escient » ne voyaient là ni miracle, ni mauvais présage ; si la chaire était tombée, c'était qu'elle manquait de solidité. Il n'y avait qu'un remède : s'emparer des églises catholiques qui sont solides et possèdent des chaires posées sur de bonnes bases.

L'exécution suivit la résolution. Les huguenots étaient déjà maîtres de l'église Saint-Pierre ; ils vont s'emparer de l'église Saint-Michel avec l'abbaye qui la joint.

A trois heures, pendant les vêpres, Jacques Sabuc, Pierre Pasquet et autres huguenots, au nombre de dix, portant des pistolets sous leurs manteaux, arrivent à l'église et y pénètrent sans être empêchés par les gardes. Ils ne se découvrent pas, ne font aucune révérence, rient et se moquent de l'office et des prêtres. Personne ne bouge et n'ose contredire.

Ils sortent ensuite et, à cinq ou six pas de la porte, Sabuc se retourne vers les gardiens et leur lâche un coup de pistolet. Deux ou trois autres de ses compagnons l'imitent, et tous, mettant leur épée à la main, se précipitent sur les gardes placés à la porte. Ceux-ci ripostent et deux huguenots sont étendus morts sur la place.

Le tocsin sonne ; les catholiques sortent des églises, la lutte s'engage.

Les huguenots qui étaient au courant de ce qui devait arriver, furent les premiers prêts. Ils s'emparèrent des rues et des places. A leur tête était le consul Cabrol, portant le chaperon, commandant aux catholiques de se soumettre, de déposer les armes, et de ne pas désobéir au représentant du Roi.

Il fut la première victime. Guillaume Miron lui lança un trait à la tempe, et l'étendit raide. Il bandait de nouveau son arbalète quand le domestique du consul lui tira un coup d'arquebuse et le tua.

Le tumulte augmente, la sédition est déchaînée ; on fait des barricades, on perce les maisons pour passer de l'une dans l'autre sans sortir dans les rues. Ceux de la religion occupent tout Gaillac et les faubourgs, excepté Saint-Michel avec son abbaye et le château de l'Olm qui restent aux mains des catholiques.

Les catholiques envoient un message au cardinal Strozzi ; les huguenots à M. d'Arpajon. Ce furent les catholiques qui reçurent les premiers des renforts sous la conduite du capitaine Michel.

Trompés dans leur attente, les huguenots se préparèrent à une résistance désespérée. Mieux armés que leurs adversaires, ayant surtout plus d'artillerie, ils espéraient pouvoir lutter jusqu'à l'arrivée des secours demandés.

Le capitaine Michel brusqua l'attaque : en tête il mit les habitants de Gaillac, gens de trait surtout, quelques-uns seulement ayant des arquebuses. Il fut suivi de la populace en grand désordre. Les uns jetaient des pierres avec des frondes ou avec leurs mains ; les autres étaient armés de bâtons à gros bout, fichés de gros clous, montrant leurs pointes droites, « telles manières d'armes, dit le chroniqueur, faisaient frayeur aux plus vaillants et courageux ». Les vexations sans nombre dont depuis six mois ils avaient été saturés, les avaient tellement exaspérés que, pareils à la justice, froids, impassibles « sans aucune colère », ils achevaient les blessés ou tuaient ceux qui tombaient entre leurs mains.

De part et d'autre la prière précéda ; puis le tocsin, les trompettes, les tambours donnèrent le signal. Les huguenots se défendirent vaillamment, déchargèrent leur artillerie et grand nombre de coups d'arquebuses : « et là par toute la ville s'éleva si grand bruit et tumulte qu'il effrayait et étonnait les plus hardis et assurés, et de pas en pas quelqu'un tombait mort ou bien blessé ; on n'entendait dans les maisons que cris, pleurs et complaintes de femmes et de leurs jeunes enfants ».

Le capitaine Michel avançait toujours, malgré ses pertes, et parvint bientôt jusqu'à la place. Alors les plus craintifs parmi les huguenots lâchèrent pied et prirent la fuite ; puis, voyant les barricades prises, des plus hardis les imitèrent. Seul Cazeaux tint bon encore, et, un épieu à la main, en pourpoint, encourageait à une lutte désespérée quelques robustes mariniers venus de Montauban pour aider leurs coreligionnaires à commencer le bruit et la sédition ; mais bientôt « la peur s'écoula aussi bien dans son ventre que aux autres » ;

il courut prestement à sa maison, sauta sur un cheval et s'enfuit à toute vitesse.

Bien peu de ceux qui s'enfuirent eurent la vie sauve. A leur sortie de la ville, ils étaient assaillis par les paysans des environs qui gardaient les issues et impitoyablement massacrés. Tel fut en particulier le sort du ministre.

Ceux de la religion qui n'osèrent sortir se cachèrent dans leurs maisons ou celles de leurs amis.

La justice populaire les poursuivit. Découverts, ils étaient « tués et massacrés sur le lieu même » ; d'autres, jetés par les fenêtres, demeuraient nus sur le pavé, et étaient ensuite traînés dans le Tarn ; d'autres enfin furent amenés vivants à l'abbaye de Saint-Michel « et là, par une fenêtre, la tête la première, tout dépouillés, en chemise, les mains liées derrière le dos, étaient sans aucune pitié ou merci, sans aucune forme de justice, jetés et précipités en bas, finissant par telle mort leur misérable vie ».

Les huguenots qui avaient été si pleins d'arrogance et avaient poussé à bout les catholiques n'avaient pas prévu de telles représailles. Le capitaine Michel donnait l'exemple. Devant la boutique d'un apothicaire, nommé Laborie, un de ses soldats fut tué : il fit aussitôt assaillir la maison. Laborie, effrayé, se présente, offrant au capitaine une bourse pleine d'or. Il reconnut dans cet homme le meurtrier de son soldat, et le tua de plusieurs coups de dague.

Après le massacre, le pillage avec toutes ses horreurs.

Des huguenots laissèrent leurs boutiques ouvertes et, cachés dans l'arrière, reçurent à coups d'arquebuses les catholiques qui s'y aventuraient ; d'autres versèrent sur les assaillants de l'eau et de l'huile bouillante, ou bien mirent le feu à de la poudre jetée dans le magasin ; il y eut des pillards qui moururent de leurs blessures ; « mais ceux qui n'en mouraient pas changeaient de peau pour le moins ».

La justice populaire ne doit avoir qu'une heure. On fit bientôt crier par la ville de cesser le carnage, et de faire prisonniers ceux qui seraient trouvés et reconnus être de la religion nouvelle. On procéda contre eux par voie ordinaire de justice : les uns furent condamnés à mort, les autres aux galères.

Horribles représailles, mais la responsabilité doit retomber sur ceux qui les provoquèrent et qui en furent les premières victimes.

Mathieu Blouyn ne nous dit pas le nombre de ceux qui périrent. Bèze dit qu'il y eut deux cent soixante-deux tués, outre les blessés, et plusieurs qui périrent sans être reconnus.

L'historien protestant dit encore que le cardinal de Strozzi avait conjuré la perte des religionnaires de Gaillac et choisi lui-même le jour de la Pentecôte pour exécuter son projet. Dom Vaissète suit Bèze et veut que le cardinal ait envoyé une compagnie d'Italiens — trois cents arquebusiers au rapport de Bèze — pour attaquer les protestants.

Bèze, enfin, veut que les catholiques aient attaqué les protestants assemblés sur les trois heures de l'après-midi.

L'historien de Languedoc n'a pas eu en mains, très probablement, le récit de Blouyn. Le cardinal envoya des soldats, mais lorsque les catholiques les lui demandèrent. Les catholiques ne furent pas provocateurs : ils furent au contraire attaqués chez eux ; Jacques Sabuc et Pierre Pasquet tirèrent les premiers sur les gardes de Saint-Michel.

Je ne répondrai pas à de Thou : il dit que le cardinal Strozzi excita les catholiques par sa présence. L'évêque d'Albi n'était pas à Gaillac le jour de l'émeute : il y vint quelque temps après, quand la paix fut faite, et que Damville, gouverneur de Languedoc, visita Gaillac. L'évêque porta plainte au lieutenant du Roi contre Jacques Sabuc et Pierre Pasquet qui avaient échappé au massacre, et qui étaient rentrés dans Gaillac à la suite du maréchal de Damville.

Ils appartenaient aux principales familles de Gaillac et avaient espéré sans doute devoir à leur naissance et à leur parenté l'impunité de leurs crimes. Le maréchal les fit arrêter, juger et pendre sur la place publique.

De 1562 à 1568, la ville de Gaillac resta au pouvoir des catholiques.

Antoine Pasquet, frère de ce Pierre qui avait été pendu à la requête du cardinal Strozzi, était poussé chaque jour par ses parents ou alliés à venger ceux qui avaient été tués, soit le jour du massacre, soit ensuite par la voie de la justice.

Il reçut un jour avis de se rendre à Rivières, château situé à une lieue de Gaillac, et il se trouva en présence du baron de Paulin et autres gentilshommes huguenots : il promit de leur livrer la ville.

Le 8 septembre 1568, il s'empara, à la tête de cent hommes, de la porte de la Gastouille. Surpris, les catholiques ne firent presque aucune résistance. Un seul se défendit vaillamment, Pierre Lebourcier, et fut tué. Dans l'espoir d'un secours, ils se réfugièrent, comme en 1562, dans le château de l'Olm et se préparèrent à la résistance.

Ils repoussèrent toutes les attaques jusques au 10 septembre. Les huguenots, pendant ces deux jours, reçurent des renforts : le vicomte et le baron de Paulin, force gentilshommes avec des soldats. « Il faut, disait le vicomte, que toute la ville soit aux papauts ou aux huguenots ». En effet, vers les trois heures du matin, avec grand bruit de fifres, de tambourins et d'arquebusades, ils pénétrèrent dans le château de l'Olm et y mirent le feu. Catholiques et protestants durent fuir devant l'incendie. Tout fut consumé : blé, vins, meubles, chevaux, bœufs, vaches, dont on entendait du dehors la voix confuse et effroyable, et émouvaient de pitié et de compassion même les plus cruels.

« Mais surtout ce qui était le plus à regretter, c'était plusieurs malades vieux, hommes et femmes, qui, ne pouvant bouger de leurs maisons, n'ayant personne pour les secourir, furent cruellement brûlés ou assommés par la chute des édifices ».

Les huguenots étaient maîtres de la ville ; ils firent une grande fosse où ils jetèrent pêle-mêle tous les prêtres et catholiques tués.

Tous ceux qui ne purent fuir, furent fait prisonniers : les huguenots furent relâchés sans rançon. Les catholiques, — les malins comme on les appelait — « n'en eurent pas si bon marché ». Les uns furent pendus, les autres arquebusés ou dagués.

La chasse à l'homme commença ensuite : tous les catholiques qui furent pris « furent mis à mort de sang-froid par les preneurs, si bon leur semblait, sans autorité, forme ni moindre justice ; ce que je voyais souvent, où on n'avait point fait de mal. Je voyais comme cinq ou six qu'ils étaient, menaient et conduisaient les mains liées derrière le dos, les pauvres catholiques qui étaient tombés entre leurs mains, là-bas à un jardin qu'on disait de l'abbaye, où étant on les dépouillait tout en chemise, même s'ils portaient souliers et bas de chausse ; après, les faisait mettre et tenir debout sur une muraille qui regardait et donnait sur la rivière du Tarn, et là étant, un des susdits huguenots lui tirait par derrière un coup de pistolet, de pétrinas ou d'arquebuse ; mais je n'en vis jamais tomber en avant sur la face, dans le précipice de la dite rivière : tous tombaient incontinent en arrière, la face vers le ciel, demeurant étendus comme le prenant à témoin de l'injure qu'on leur faisait ».

Après avoir purgé la ville de catholiques, ils pillèrent et profanèrent les églises ; nappes, devants d'autels, chappes, croix, calices, ornements et reliquaires formèrent un riche butin. Puis la ville fut démolie : ils renversèrent les maisons des prêtres et des catholiques, transformèrent les cloches en pièces d'artillerie, rasèrent les églises, les hôpitaux, les plus beaux monuments.

Les prêches recommencèrent ; et c'est de force « et à grands coups de bâton » qu'ils y conduisaient ceux qui ne voulaient pas y aller de gré.

La Réforme devait aussi épurer les mœurs. On sait les diatribes que ses chefs ont proférées contre la corruption de Rome.

Maîtres de Gaillac, les huguenots se mirent à la recherche de toutes les femmes de mauvaise réputation, « et autant qu'ils en purent prendre ; attraper et trouver, ils les serrèrent en prison pour quelques heures, d'où les ayant tirées, les conduisirent à la place principale de la dite ville, et faisant embrasser à chacune d'elles un des piliers qui soutenaient les couvertes, comme on dirait peu ou moins de deux heures, vint un qui portait un bonnet rouge sur la tête, ayant dans sa main un couteau bien aiguisé ; lequel coupa à chacune une oreille, et après quoi les délia et laissa aller en liberté ; mais cela ne se fit pas sans grands regrets et cris qu'elles firent ».....

CHAPITRE II

TROUBLES A BÉZIERS ET DANS SES ENVIRONS

Les premiers troubles à Béziers pour cause de religion remontent à l'année 1561, sous l'épiscopat du cardinal Strozzi, le même que nous avons vu plus haut évêque d'Albi.

Au commencement, les huguenots célébraient les exercices de leur culte dans une île de l'Orb. Personne ne venait les y troubler. Peu à peu, là comme ailleurs, ils s'enhardirent, et vinrent tenir leurs assemblées dans la ville. Ils étaient devenus aussi nombreux que les catholiques : le nombre leur donnait de l'audace.

Un soir du mois d'août, ils chantaient des psaumes sur la place du marché. Le cardinal leur intima l'ordre de cesser. Non seulement ils refusèrent d'obéir, mais ils blessèrent les envoyés de l'évêque.

Celui-ci demanda des soldats au vicomte de Joyeuse pour le protéger.

Le 9 octobre, le vicomte arriva de Narbonne ; mais depuis trois jours le cardinal Strozzi avait été transféré à l'évêché d'Albi et avait eu pour successeur Julien de Médicis.

Dès son arrivée, Joyeuse fit arrêter un pasteur, nommé Vives, qui fut emmené en dehors de la ville pour être remis aux officiers du Roi. Vives voulut se sauver : un soldat l'étendit raide d'un coup de mousquet.

A la nouvelle de son arrestation, le lendemain, les bourgeois s'attroupent, et, ignorant sa mort, demandent sa mise en liberté. Joyeuse s'avance au devant d'eux, et pour les calmer leur promet le retour du ministre. La foule ne se calme pas. Il se réfugie alors à l'évêché, et fait braquer les canons sur la place. Les huguenots se dispersent. Pour assurer encore davantage l'ordre, Joyeuse sort en ville, précédé de ses troupes et de quelques bourgeois catholiques. Les religionnaires viennent au-devant; nouvelle escarmouche : il y a cette fois quelques blessés.

C'était la seconde fois que le sang coulait : le premier avait été le sang des catholiques.

Bientôt arriva à Béziers la nouvelle que le prince de Condé avait pris les armes. Son lieutenant dans le Languedoc fut Jacques de Crussol, seigneur de Beaudiné, qui fut reconnu comme tel depuis le Rhône jusqu'à Béziers. Il lui importait de s'assurer la possession de cette dernière ville. Aussi accourut-il pour prêter main forte aux huguenots.

A quelle date précise eut lieu le pillage de la ville? Si nous en croyons l'auteur de la *France Pontificale*, Fisquet, et Sabatier dans son *Histoire de la ville et des évêques de Béziers*, les huguenots auraient attendu l'arrivée de Beaudiné. Le pillage n'aurait donc commencé que le 6 mai.

Vaissète, au contraire, dit que les religionnaires de Béziers, d'intelligence avec Beaudiné, se rendirent maîtres des portes de la ville, pillèrent treize ou quatorze églises, le dimanche 3 mai, et appelèrent ensuite Beaudiné dans leur ville.

Sur ce point, le savant historien de Languedoc a raison. L'enquête, ordonnée après la paix par le vicomte de Joyeuse, fixe au 3 mai 1562 le commencement de l'émeute et semble indiquer même que le pillage des églises était un fait accompli, quand Beaudiné, accompagné des barons de Monpeyroux et de Faugères, pénétra dans la ville avec 1 200 hommes. La question de date qui paraît secondaire a pourtant ici son importance. Les huguenots de Béziers auraient prémédité le coup, et auraient pris leurs précautions pour rester maîtres de la place sans le concours de Jacques de Crussol.

C'est ce que fait ressortir la déposition du premier témoin entendu à l'enquête, Etienne Daniel. Il nous apprend, en effet, que le 3 mai, jour de la sédition, les chefs étaient accompagnés de quatre à cinq cents hommes « tant de la dite ville qu'étrangers ».

Donc, le 3 mai 1562, Gasparet et Coudrouniac, suivis de quatre à cinq cents hommes, se rendent à l'église Saint-Nazaire et y pénètrent malgré la résistance qu'opposèrent douze bénéficiers et un chanoine.

Alors commence le pillage : calices, patènes, croix, vases sacrés, reliquaires, tout le trésor de l'église qu'on n'a pu enlever, est déclaré de bonne prise ; les statues des saints sont brisées ; les images lacérées, les tombeaux des évêques et de la princesse Jeanne de France renversés.

Les églises de Saint-Nazaire, de Saint-Aphrodise, de Saint-Jacques, de Saint-Félix, de Sainte-Madeleine reçoivent successivement la visite de ces nouveaux vandales : ornements d'église, chapes de drap d'or, de velours ou de soie de grande valeur et estimation, un grand nombre de tabliers d'or et d'argent, le rétable de Saint-Nazaire en argent doré, « rempli de pierres précieuses, fait à grands personnages d'argent relevés qu'à présent il ne se saurait faire ni estimer », dons de la foi et de la piété des aucêtres, manifestations de l'art catholique, tombèrent au pouvoir des fils de Calvin.

Le tombeau de saint Géraud est profané, mis en pièces ; ses reliques dispersées ainsi que celles de saint Aphrodise.

Quand ils eurent achevé cette œuvre dévastatrice, pillé, brisé, démoli, ils traînèrent les saintes images et les croix, les ornements sacrés, partie à la place de la Carteirade, où on exécutait les criminels, partie à la place publique, et y firent un grand feu « en dérision et moquerie de Dieu, des saints et de la sainte église. »

Ils mirent le comble à leurs profanations en transformant les églises en écuries : les soldats donnèrent à manger l'avoine à leurs chevaux sur les autels dépouillés.

Pendant que de pareils sacrilèges s'accomplissaient, le sang coulait dans la ville, et les citoyens durent prendre le chemin de l'exil : plus de cent bourgeois furent égorgés après avoir vu leurs maisons pillées, leurs femmes souillées, leurs filles violées.

Les couvents ont le sort des églises : dévastations, profanations, souillures. Portes, fenêtres, ferrements, toitures sont enlevés, les meubles volés ; il ne reste que les quatre murs. Religieux et prêtres sont massacrés ou emprisonnés : les biens des églises sont confisqués.

Beaudiné qui est entré dans la ville, mise au pillage, trône à l'évêché et s'en approprie les revenus. L'évêque est taxé à 500 écus ; les chanoines à 100 : s'ils ne peuvent payer, en prison.

La belle bibliothèque de Saint-Jacques fut pillée et l'église rasée.

Bèze dit que plusieurs habitants de Béziers se convertirent alors au protestantisme, de même que toutes les religieuses. Nous le croyons sans peine.

Ces ministres de la nouvelle religion aimaient le grand apparat. A Gaillac, nous les avons vus entourés, dès l'origine, de soldats et d'écoliers de Toulouse bien armés ; à Béziers, mêmes procédés de persuasion.

Quand les ministres prêchaient, dit un témoin, ils se faisaient accompagner de cent ou deux cents soldats armés et « faisaient aller les vrais catholiques auxdits prêches par force et à grands coups de bâton ».

Maîtres de la ville de Béziers, ils se répandirent dans les villages environnants. Les capitaines sortent de la ville « en grand équipage » et vont assaillir Villeneuve la Crémade, près Béziers, « portant et conduisant le canon ». Ils firent brèche à la muraille pour entrer dedans et meurtrir les vrais sujets du Roi, et entrèrent dedans et saccagèrent tous les pauvres habitants et commirent beaucoup de meurtres. »

De là, ils vont porter la bonne nouvelle à Nizas ; ils mettent le feu aux portes de la ville, y pénètrent de force, coupent « la gorge à soixante pauvres habitants » et pillent tout ce qui tombe sous leurs mains.

Servian a son tour, mais là commande Conas ; il résiste et oblige Beaudiné à lever le siège. Celui-ci se venge en massacrant une vingtaine de soldats catholiques qu'il rencontre dans une grange auprès de Servian, en brûlant le château de Lignan, seigneurie des évêques de Béziers, et en faisant passer au fil de l'épée quatre-vingts hommes à Lespignan.

On nous dira que ces massacres furent les représailles des huguenots surexcités par le massacre de Vassy, que les catholiques eurent le tort de donner un pareil exemple. Voilà encore une légende qu'il serait bon de détruire. Bien avant l'échauffourée de Vassy, le sang des catholiques avait coulé. Le massacre de Montpellier, qui n'a pas l'honneur de figurer encore dans nos histoires, est de 1561.

Déjà, en 1560, nous voyons les huguenots parcourir le Languedoc en armes. Le vicomte de Joyeuse écrit sur ce sujet à Montmorency : il note en particulier que les officiers de justice de Nîmes, dévoués au Roi, avaient dû sortir de cette ville, que depuis quinze jours, douze cents soldats armés avaient traversé le Languedoc pour aller par pelotons à travers le Gévaudan et le Velay, du côté de Lyon (lettre du 8 septembre 1560). Trois jours après, il écrit encore au connétable, et se déclare impuissant à maintenir l'ordre et à se faire obéir.

Dans les Cévennes, dès 1559, ceux de la nouvelle religion ont pris les armes : ils sont plus de 3.000. Villars vient à la tête de quelques troupes y rétablir l'ordre.

A Lectoure, le 19 juin 1561, les huguenots s'arment et jettent en prison trois conseillers au Parlement de Toulouse, avec un substitut du procureur général et un huissier venus pour informer sur un tumulte qu'ils avaient provoqué. Dans cette même ville, ils rançonnent le chapitre.

A Montauban, comme dans toutes les villes, ils refusent d'obéir aux édits. Le 15 août 1561, ils s'assemblent et pillent l'église de Saint-Jacques après avoir brisé les images et renversé les autels.

Une lettre de Joyeuse à Montmorency, datée du 30 octobre 1561, annonce que le Midi est déjà en état de guerre, que les réformés en armes ont pris Lavaur, Rabastens, Réalmont, Castres, etc. Les voilà maîtres des villes, même de Toulouse, et ils signalent leur domination par la dévastation et le massacre : les églises de Montauban sont pillées, les religieuses de Sainte-Claire sont chassées. A Rabastens, les huguenots chassent les Cordeliers de leur couvent, en tuent quelques-uns et pillent toutes les églises. « Je ne ferai pas long discours, écrit de Joyeuse à la reine-mère, le 18 octobre 1561, de ce que se dispose et traite présentement à Montpellier, Nîmes, Sommières, Sauve, Anduze, Ganges, Lunel, Castres, Lavaur, Puylaurens, Mazamet, Château-Neuf-Darri, Revel, Villefranche-de-Lauragais, Rabastens, Gaillac, Realmont, Tolose et presque toutes les autres villes de Lauguedoc, représentant la ruine et désolation prochaine de tout ce païs de Languedoc si, par la grâce de Dien et votre Providence, ledit païs n'est secouru. »

Ces quelques lignes étaient nécessaires pour détruire la légende qui s'est créée autour du massacre de Vassy. Bien avant cette date, le sang des prêtres et des catholiques avait coulé en Languedoc, la province protestante par excellence. Le massacre des catholiques de Montpellier est d'octobre 1561, six mois avant celui de Vassy.

CHAPITRE III

MASSACRE DES CATHOLIQUES DE MONTPELLIER EN 1561 PILLAGE DE LEURS ÉGLISES EN 1621

Dès son origine, le protestantisme fut dans la ville de Montpellier, comme ailleurs, une cause de division, de discordes et de haines.

Jusqu'en 1561, plus ou moins respectueux des édits, les protestants avaient laissé le culte catholique s'exercer librement. Le 9 août 1561, Mauget, le même qui avait *planté* l'église de Montpellier, communiqua au consistoire de Nîmes, où il était pasteur, une lettre dans laquelle les religionnaires de Montpellier demandaient si le moment n'était pas encore venu de s'emparer de quelques-unes des églises catholiques.

Cette lettre prouve la préméditation. Les huguenots jetèrent les yeux sur Notre-Dame des Tables qui renfermait un trésor considérable. Le 24 septembre 1561, ils s'y précipitèrent, et le soir ils y firent le prêche. Le trésor fut inventorié pour la forme, par Jacques David, premier consul, huguenot en secret, qui légalisa cet acte de spoliation (1).

Ce coup de force épouvanta les catholiques. Les chanoines craignant pour la cathédrale, demandèrent au vicomte de Joyeuse l'autorisation d'y placer une garnison et de la fortifier. Les ordres religieux, les prêtres des autres paroisses croyant que les vases sacrés y seraient plus en sûreté, les y transportèrent.

De leur côté, les protestants armèrent et firent le guet pendant la nuit. Ils ne se contentèrent pas d'armer. « C'est alors qu'apparurent ces bâtons triangulaires, dit le protestant Corbière, dont on se servit trop souvent pour battre les ecclésiastiques. Ils ont acquis une triste célébrité sous le nom d'*espoussètes* de Montpellier. Les fidèles irrités, dit le manuscrit cité par d'Aigrefeuille, — ce manuscrit est d'un auteur protestant — prévoyant que du lieu de Saint-Pierre leur pouvait être fait dommage, commencèrent à s'armer de leur part et faire la nuit le guet en armes ; aucuns d'eux de basse (2) condition prirent telle audace qu'ils allaient dans la ville avec armes et gros bâtons, frappant d'iceux les prêtres et les religieux « tant qu'ils en trouvaient ; et ils nommèrent ces bâtons espoussètes ».

(1) Il y a plusieurs versions sur la prise de cette église.
D'après Aigrefeuille et Thomas, les huguenots auraient demandé à prêcher dans cette église alternativement avec les catholiques. Ceux-ci refusèrent.
Montagne et Bèze l'attribuent à une provocation de l'évêque Pellicier, qui serait venu insulter les huguenots dans leur assemblée. Cet évêque, croyons-nous, en était incapable.
Voici le récit de Philippi.
« ... Fut le dit temple saisi, comme le matin dudit jour (24 septembre), un mardi, les prêtres à l'accoutumée ouvraient les portes pour dire les premières messes pour le peuple qui allait au travail ; furent là aucuns des fidèles à ce commis qui saisirent les clefs dudit temple sans user d'autres rigueurs. »

(2) On trouvera à la fin de ce chapitre le texte exact de Philippi.

Après avoir rapporté ce passage, Corbière, dans son *Histoire de l'Eglise réformée de Montpellier*, dit qu'il n'essaiera pas de débrouiller la question confuse de savoir de quel côté vinrent les bons et les mauvais procédés. Sans doute pas des prêtres qui reçurent les coups d'espoussètes.

La question de savoir d'où vinrent les mauvais procédés est claire ; ce qui est embrouillé, c'est la capitulation qui suivit l'attaque du 19 octobre 1561, et précéda le massacre.

Les espoussètes portèrent leur fruit : L'évêque de Montpellier, le gouverneur, le juge-mage, voyant la ville en ébullition, quittèrent leur poste, et laissèrent la populace maîtresse du terrain. L'autorité n'étant plus représentée dans cette malheureuse ville, les deux partis en vinrent aux mains.

Comment la sédition éclata-t-elle ? C'est en vain que j'ai cherché à éclaircir ce point.

Voici d'abord le récit du Petit Thalamus.

Après nous avoir dit que les protestants « étant les plus forts se saisirent de l'église N.-D. des Tables », que la plupart des prêtres quittèrent alors la ville après avoir armé Saint-Pierre, « les huguenots prendrent les armes et assiégeant ledit lieu, finalement un lundi 20e d'octobre y entrèrent par force, et tuèrent le gardien des Cordeliers, s'y étant retiré, et trente ou quarante autres personnes, chanoines ou autres et eussent pis fait, ne fut le secours d'aucuns des principaux de la dite religion y accourus pour occuper ou empêcher l'essort de ce peuple, lequel néanmoins se mit à piller toute la maison, mit bas les autels et ruine tout le dedans de l'église..... (mots illisibles dans le manuscrit)..... et garnie et sans leurs chefs eussent forcé la sacristie où étaient le trésor, reliquaires, joyaux et ornements de l'église des plus beaux et riches du païs... ».

Mais nous avons, sur cette triste journée du 21 octobre 1561, un rapport fait par les huguenots à leurs frères de Nîmes (*Hist. de Languedoc*, tome XII, éd. Privat, p. 586).

Pas plus que le Thalamus, ce rapport ne nous renseigne pas sur les événements qui suivirent à Montpellier la prise de l'église de Notre-Dame. Comme le Thalamus cependant, il nous dit que l'effervescence était grande, et que huguenots et catholiques étaient armés, que des négociations furent même entamées pour garantir la paix. Quatre de chaque parti, en présence des consuls, des notables et de Chef-de-Bien, général des finances, devaient discuter les conditions. On ne put s'entendre, chaque parti nomma un délégué qui, avec Chef-de-Bien, devaient régler les bases d'un accord.

Or, continue le rapport, ce serait pendant les préliminaires de cette entente, que les catholiques se seraient emparés d'une tour de la ville. Quelle était cette tour? (1) Les catholiques possédaient les tours des Carmes et du Peyrou... Le rapport parle de la première seulement; mais ce n'est que le 18 ou le 19 octobre que les catholiques s'en emparèrent. Aucun historien de Montpellier ne mentionne cette première entrevue et ce premier essai de conciliation. Tous disent que Chef-de-Bien n'intervint qu'après que l'église Saint-Pierre fut sur le point d'être prise de vive force, confirmant ainsi la version du Thalamus.

Donc, le 19 octobre 1561, à la tombée de la nuit,

(1) Je ne prétends nullement infirmer la valeur de ce document, qui tâche de faire retomber l'odieux sur les catholiques, qui le 19 octobre auraient provoqué les huguenots en s'emparant de cette tour (laquelle? je l'ignore) pendant les négociations de la paix. Tous les témoins oculaires gardent le silence sur cette réunion. Bèze dit, il est vrai, qu'après la remise des tours du Peyrou et des Carmes aux catholiques par Jean de Vallez, les religionnaires se plaignirent et que le 16 octobre les autres consuls firent « bon devoir d'y remédier », offrant même caution de 100.000 écus pour leur sûreté », mais il n'y fait pas mention de la prise de la tour par trahison de la part des catholiques.

Philippi dit: « ceux dudit Saint-Pierre avaient ledit dimanche mis une enseigne sur une des tours qui avait fort animé » les huguenots : les consuls et les notables voulurent la faire lever. Bèze est plus renseigné que l'écrivain oculaire : l'enseigne serait un balai, et les chanoines auraient reçu à coup de pierres et d'arquebuses les députés catholiques envoyés avec le bâton de justice et le chaperon pour leur faire des remontrances.

Je crois que le récit de Filippi doit faire foi.

une bande de huguenots de 800 hommes environ attaque Saint-Pierre ; en même temps de la tour du Palais, des murs de la ville, les protestants dirigent leurs fauconneaux sur les créneaux de l'église et la tour des Carmes. Les catholiques ripostent : leur artillerie est trop faible. Leurs adversaires avancent : les maisons du prévôt et de l'archidiacre tombent entre leurs mains : ils commencent même à pénétrer dans le fort.

C'est en ce moment que les négociations sont entamées. François Chef-de-Bien, Jacques Pelet, seigneur de la Vérune, Jacques de Montagne sont les principaux négociateurs. La paix est conclue aux conditions suivantes : les huguenots restent maîtres de la place : la garnison et les catholiques doivent sortir de l'église, les chanoines pourront y continuer leur service, mais sans armes.

Cette capitulation fut-elle acceptée par les catholiques ou tout au moins par la garnison ? Je ne le crois pas, et j'appuie mon opinion sur deux pièces rédigées par des témoins oculaires.

Montagne dit en effet que les catholiques l'acceptèrent, mais non la garnison.

Le rapport que j'ai cité plus haut est formel sur ce point. « A cet accord tant humble, Dieu s'opposa tellement, que ne restant que de joindre les parties pour leur faire faire les promesses pour signer, un des nôtres fut tué d'un coup d'arquebusade, venu de la garnison. Quoi voyant, les dits moyennateurs de paix furent en grand danger, prétendant le peuple qu'ils eussent moyenné la trahison (1). »

(1) Il est pénible pour un écrivain de rencontrer sur sa route un homme qui n'est pas de bonne foi. Dans son *Histoire de l'Eglise réformée de Montpellier*, Corbière écrit en combattant d'Aigrefeuilles (p. 44) : « Ce fut un manque à la foi jurée de la part des catholiques qui provoqua la colère des protestants ». Avant de lancer une pareille accusation il aurait pu consulter Dom Vaissète qui, s'appuyant sur Montagne, écrit : « les ecclésiastiques qui étaient dans le fort consentirent à l'accord, mais les soldats catholiques de la garnison REFUSÈRENT d'y acquiescer (édition Privat, tome XI, p. 362).

Cette journée pèse beaucoup sur la conscience de ce pasteur : A la page 45, il écrit :

C'est-à-dire que personne ne voulut de cette paix. L'accord était trop « humble » pour les protestants qui voulaient s'emparer des églises. D'un autre côté, les catholiques, qui connaissaient leurs adversaires, disaient d'après d'Aigrefeuille que cette transaction n'était qu'un « moyen de désarmer l'ennemi pour en avoir meilleur marché ».

Les passions étaient donc loin d'être apaisées, comme le dit Corbière. Elles étaient aussi déchaînées, sinon plus peut-être, après qu'avant les négociations. Dès lors tout s'explique, même ce coup de pistolet qui fut tiré et fut le signal du massacre.

Encore sur ce point les auteurs ne concordent pas. Montagne dit qu'il y eut deux coups de pistolet et deux assaillants blessés. L'écrivain anonyme de Montpellier et la lettre que j'ai citée, n'en mentionnent qu'un seul : le protestant fut tué.

Qui tira ? D'après tous les témoins du drame, ce fut un soldat ; d'après Bèze, un chanoine. La question importe peu. L'heure de la mort était venue, et nous comprenons que ce soldat ou chanoine, qui peut-être avait reçu quelques coups d'espoussètes, voulut vendre chèrement sa vie.

La foule aussitôt envahit l'église : prêtres, officiers, soldats, fidèles sont égorgés. Quelques-uns réussissent à s'échapper. Il y a une quarantaine de morts dans Saint-Pierre. L'église est livrée au pillage, et le riche trésor va rejoindre à l'Hôtel de Ville celui de N.-D. des Tables.

Les protestants se répandent dans la ville. Plus de soixante églises ou chapelles sont pillées. Religieux et religieuses sont chassées. Le sang coule. On porte à

« D'Aigrefeuille nous laisse croire par son silence que les crimes ne furent pas réprimés. Bèze nous apprend que plusieurs de leurs auteurs furent pendus. »

A la page 46, il dit :

« Jacques de Montagne et Michel Hérouard (envoyés à la Cour pour l'informer) reviennent à Montpellier apportant *bonne réponse de sa Majesté* (c'est Corbière qui met en italique) aucune suite ne fut donnée à l'affaire de Saint-Pierre »...

Quel passage contient la vérité ?

plus de 250 le nombre des personnes, prêtres, religieux ou laïques qui furent égorgés ce jour-là.

En même temps, ils se livrent à de sacrilèges recherches. Ils vont fouiller dans les tombes, et exposent dans la rue et livrent aux chiens plus de quarante cadavres. Ils arrachèrent les entrailles aux cadavres le plus fraîchement ensevelis, et ornèrent un clocher de ces horribles festons...

... La messe fut abolie...

... Telle fut la journée du 20 octobre 1561... les histoires ne la mentionnent pas.

. . . .

Passons sur les vexations sans nombre dont furent victimes les catholiques de Montpellier en 1562 et en 1567. Arrivons à l'année 1621, Montpellier vit toutes les églises pillées, les tombeaux profanés, les catholiques expulsés, la messe proscrite. Le pillage officiel fut même précédé d'un jeûne.

Je suivrai pas à pas le *Harlan* ou *pillage et démolissement des églises de Montpellier*, opuscule précieux que la société des bibliophiles de Montpellier a tiré de l'oubli. Ce récit en vers, fait par un témoin oculaire, est du plus haut intérêt.

Dans son *Histoire de l'Eglise réformée de Montpellier*, Corbière est plus court que dom Vaissète dans son *Histoire de Languedoc*. Il mentionne le fait et daigne à peine nous donner quelques détails. La chronique protestante de Mauguio, publiée par M. Germain, ne mentionne même pas le fait.

La révolte dont le duc de Rohan fut bientôt le chef, fut préméditée à l'assemblée de La Rochelle. Pour la première fois aussi, les huguenots mirent à exécution leur plan de gouvernement républicain. Les anciennes provinces disparaissaient pour faire place à des cercles.

Le cercle de Bas-Languedoc prit une déclaration par laquelle il ordonnait la démolition des églises, couvents, clochers et autres bâtiments qui pouvaient servir de retraite aux ennemis de la Religion.

« Les termes de cette ordonnance, dit Corbière, étaient fort vagues et laissaient beaucoup de marge au zèle démolisseur d'une populace irritée et fanatisée ».

Elle n'était pas si vague que semble le croire Corbière. Le 3 décembre, en effet, il était signifié aux prêtres de N.-D. des Tables une ordonnance leur interdisant la célébration de la messe et de tout acte papistique. Le peuple, toujours plus logique que ses chefs, comprit que, le culte étant interdit, les objets et les monuments étaient inutiles. Il se précipita sur les Eglises. La première pillée fut celle de N.-D. des Tables, le 3 décembre 1621, vers huit heures du soir.

Armés de hallebardes et d'arquebuses, de marteaux, de tenailles et de scies, ils se présentent devant la porte et frappent à grands coups. Ils ne peuvent l'enfoncer.

Les sacristains arrivent et tâchent de parlementer. Peine perdue. Les protestants se précipitent dans l'église, frappant comme des forcenés, et criant : tue ! tue !

Le pillage commence : chaire épiscopale, fonts baptismaux, caisses, coffres, armoires, tout fut en un instant pillé, brisé, saccagé. Les autels sont profanés, les bancs rompus, les tableaux et les statues jetés à terre, les orgues détruits, les femmes accourent et se jettent à la curée.

> A l'insulte ils ajoutent la moquerie.
> L'un fait Monsieur l'évêque, et par dérision
> Donne à ses compagnons la bénédiction ;
> Les autres à l'entour font Messieurs du Chapitre ;
> Quelques-uns en chantant au devant du pupitre
> Font les musiciens...

Ce brigandage a lieu sous l'œil bienveillant du président du cercle. Sans doute, pour la forme, il vient protester auprès de la populace et s'efforce même de la calmer. Cette tourbe rit et continue son œuvre. N'est-il pas complice, et ne sait-elle pas que dans son âme de huguenot, il approuve la dévastation ? Il se retire, et la foule continue.

Ils courent à l'église des Pères Capucins. Les Pères ne durent leur salut qu'à quelques hommes influents du parti calviniste qui les prirent sous leur protection, leur offrirent un asile et ne voulurent jamais les livrer, mais laissèrent piller et saccager l'église.

Saint-Mathieu eut le même sort. Ils sont déjà à la porte et frappent à grands coups. Là encore un parent d'un des religieux les sauve. Pillage et dévastation, rien ne reste dans l'église.

Mais à la profanation de l'église, ils ajoutèrent la profanation des tombeaux. Citons le narrateur du Harlan.

... Ces âmes malheureuses
Ont ouvert et fouillé toutes les tombes creuses
Qui étaient là dedans où reposaient les os
De plusieurs qui, au ciel, prenaient un doux repos.
N'y ayant rien trouvé que les os et la cendre,
Emportent les carreaux et les bars pour les vendre,
Laissent, trop inhumains, barbares et pervers,
Ces os à l'abandon et leurs tombeaux ouverts :
Et, de fait, il n'y eut alors caisse ni bière
Passée par leurs mains qui demeurât entière.
L'on voyait ces corps-là, dans leur bière couchés,
Noirs, pâles, mi-pourris, languis et desséchés.
Las ! c'était bien souffrir une injure sévère,
C'était bien avaler une pilule amère
De voir là nos aïeux, nos parents, nos amis,
Ainsi être traités parmi nos ennemis...

J'insiste à dessein sur ces faits : des auteurs protestants les ont niés, ou les passent sous silence. Il est temps que chacun prenne sa part de responsabilité devant l'inexorable histoire et que tous apparaissent dans leur nudité comme au jour du jugement dernier.

Ce ne furent pas seulement les tombes de Saint-Matthieu qui furent ainsi polluées. Celles des autres églises eurent le même sort.

Les protestants ne se contentèrent pas d'ouvrir les tombes pour rapiner ; ils souillèrent les cadavres et les exposèrent dans leur nudité à la risée d'une populace « fanatisée », suivant le mot du pasteur Corbière. Ils profanèrent le mystère devant lequel tous les hommes tremblent, le mystère de la mort qui sanctifie un cadavre.

Le cadavre d'un Cordelier fut traîné par les pieds.

Une sœur du chanoine Gariel fut déterrée, violée et son anneau d'or lui fut arraché.

Le cadavre d'une sœur de Sainte-Catherine fut arraché à sa tombe, et promené dans un état de nudité complète autour des murs de la ville ; et quand il eut servi à amuser la foule, il fut transformé en cible, et criblé de coups d'arquebuse.

La preuve est faite, je crois, et j'espère qu'on ne contestera plus de pareils faits. L'auteur du Harlan les a stigmatisés, et le stigmate restera à

Ces nocturnes hiboux, ces déterreurs de morts.

A quoi bon suivre les protestants dans leur œuvre de pillage et de dévastation. Suivant à la lettre la recommandation de Calvin au marquis de Poët, ils s'enrichirent.

Et beaucoup de maisons, tant proches que lointaines
Furent du larrecin et du pillage pleines.

Au fond n'était-ce pas là le but de la Réforme, avoué cyniquement par Calvin.

Saint-Paul, Sainte-Croix, Saint-Pierre, etc., eurent le même sort. Les autorités de la ville se croisèrent les bras devant ces dévastations.

Ce ne fut en effet que le 15 décembre, que parut une ordonnance prescrivant la démolition des églises de la ville.

Les appétits étaient satisfaits. Chacun avait eu sa part de butin, et ce qui en restait à démolir ne devait pas enrichir beaucoup. Aussi les huguenots prirent le temps de s'y préparer par un jeûne solennel et le chant des psaumes, et les prières finies, le 17 décembre 1621, les églises furent démolies, les religieux expulsés et les chanoines gardés comme otages.....

Récit de Philippi.

« A Montpellier, commencèrent les troubles plus qu'auparavant, car MM. de Saint-Pierre, par congé de M. de Joyeuse, ainsi qu'on disait, mirent garnison dans le fort et icelui munirent de ce qu'appartenait à la guerre, dont les fidèles (protestants) irrités et prévoyants par ce lieu à leur pouvoir être fait dommage, commencèrent aussi s'armer de leur part et faire la nuit guet en armes, et aucuns d'eux de bonne condition, prirent telle audace qu'ils, de beau jour, à troupes allaient par la ville, avec armes et gros bâtons, frappant d'iceux les prêtres et religieux tant qu'ils en trouvaient ; et ces batons nommait-on espossètes, dont vint en proverbe « l'espossète de Montpellier » ; et la nuit durant ne voyait-on que coups d'arquebusades par la ville sans [compter] autres excès que, sous prétexte de religion, le populaire faisait tant aux champs qu'en la ville, bien troublée à cause de ce, et dénuée de l'évêque, gouverneur et juge-mage, qui s'étaient absentés. Et crurent tellement ces tumultes, que lesdits fidèles commencèrent ouvertement faire la guerre contre ceux de Saint-Pierre, leur tirant grands coups d'arquebuse et les autres contre eux.

Et le dimanche 19 d'octobre, commencèrent lesdits fidèles assiéger ledit Saint-Pierre.

... Ceux dudit Saint-Pierre avaient le dimanche mis une enseigne sur une des tours qui avait fort animé lesdits fidèles, laquelle toutefois les consuls et autres notables personnes avaient moyenné faire lever... »

CHAPITRE IV

LES DEUX MICHELADES DE NIMES, 30 SEPTEMBRE 1567, 15 NOVEMBRE 1569

Je ne crois pas qu'il y ait, dans le cours de notre histoire, un drame aussi émouvant et aussi cruel que la première Michelade de Nîmes.

La Saint-Barthélemy, les septembrisades, le massacre des otages de la Commune, tous ces faits ont un palliatif quelconque, une raison pour les expliquer ou plutôt un semblant de raison. Ces drames sanglants n'ont pas été accomplis de sang-froid ; il y a eu une excitation, un énervement, pour soulever la bête, lui lâcher les mauvais instincts, et lui faire accomplir une œuvre de sang. Ils ont eu leurs admirateurs, chacun peut juger suivant ses sentiments. La première Michelade a pesé comme une tache ineffaçable sur le protestantisme. Ne pouvant pas la défendre, à plus forte raison l'admirer, les contemporains protestants l'ont passée sous silence, ou l'ont mentionnée à peine en quelques lignes :

« L'an 1567, le mardi dernier de septembre, fut le grand trouble pour la religion à Nîmes, et plusieurs prêtres tués, M. de Gras et autres » *Journal de Jean Deyron.*

Balthasar Fournier ne nous renseigne pas davantage :

« L'an 1567 et le 30 septembre, les prêtres furent tués et jetés dans un puits à l'Evêché. »

Ce fut, en effet, en pleine paix et sans provocation de la part des catholiques que le massacre eut lieu : véritables assassinats, car il n'y eut même pas une parodie de justice.

On sait comment, vers la fin de septembre 1567, les huguenots formèrent le projet de s'emparer de Charles IX. Grâce aux Suisses, le roi put échapper et rentrer dans Paris. La seconde guerre civile commençait par un échec pour les huguenots. Espérant, en effet, être maîtres du Roi, ils devaient courir aux armes dans toute la France et s'emparer des villes. Le jour fixé était le 29 septembre. Ce jour-là plus de cinquante villes tombèrent en leur pouvoir.

A Nîmes, le 29 septembre était un jour de foire et de fête chômée.

Le 27 septembre, Jacques de Crussol, seigneur d'Acier, arriva à Nîmes ; il portait les derniers ordres de Condé. Les circonstances devaient favoriser les conspirateurs : nombreux étrangers, préoccupation des affaires, transactions commerciales, tout servait à cacher leurs allées et venues.

Ils tinrent une réunion dans la maison de Robert Leblanc, juge à la cour royale. On y décida à l'unanimité de prendre les armes et de s'emparer de la ville.

Puis, dans le plus grand secret se tint une autre réunion ; seuls y assistaient : François Pavée, seigneur de Servas, Pierre Suau, dit le capitaine Bouillargues, et Vidal Poldo d'Albénas ; l'égorgement des catholiques y fut décidé.

Le lendemain, 30 septembre, sûrs de la connivence des seigneurs du voisinage, les huguenots courent aux armes. Ils s'emparent des portes de la ville, puis se répandent dans les rues en criant : aux armes ! tue les papistes ! monde nouveau !...

A la tête des perturbateurs, il y avait le président Calvière, suivi de plusieurs présidiaux ; tous armés de pistolets et d'arquebuses ; ils encourageaient, donnaient des ordres.

Au bruit du tumulte et surpris, le premier consul, Gui Rochette, sortit dans les rues, accompagné de son frère utérin, Jean Grégoire. Revêtu du chaperon, suivi de quelques valets de ville, il parcourut les rues de Nîmes pour engager le peuple à rentrer dans l'ordre. Vains efforts ! on ne l'écoute pas, on le menace.

Impuissant à calmer cette populace, il se rend au présidial ; il espérait y trouver des hommes d'ordre ; il n'y trouva que des fauteurs ou des complices : le président Calvière était à la tête des assassins.

Débordé, le premier consul se rend à l'Evêché où déjà beaucoup de catholiques ont cherché un refuge. Il raconte à l'évêque Bernard d'Elbène tout ce qui se passe.

Prions, dit l'évêque.

Ils tombent tous à genoux.

Ils commençaient leur prière quand Pierre Suau, à la tête de deux cents huguenots, força les portes de l'évêché. Ce fut un sauve qui peut général.

L'évêque, son aumônier, son maître d'hôtel, ses domestiques passent, par un trou pratiqué dans la muraille, dans la maison de Brueys, seigneur de Sauvignargues, conseiller au présidial.

Pierre Suau s'empare de l'évêché. Il n'y trouve que le premier consul et son frère, toujours en prières : il les arrête et les conduit dans la maison de Guillaume Lhermite.

Le reste de la journée fut employé à arrêter les catholiques. Les maisons de Guillaume Lhermite et de Pierre Cellerier servirent de prison.

Le président Calvière se rendit chez Jean Baudan, second consul, et l'arracha des bras de sa femme.

Guillaume Lhermite s'empara à son tour de François de Gras, malgré sa femme et ses sept enfants.

« Notre-Seigneur me gardera, dit-il, on ne peut me faire mourir qu'une fois ».

Pendant que certaines bandes arrêtaient les catholiques, d'autres couraient aux églises, s'emparaient de tout ce qu'il y avait de plus précieux, ornements, vases sacrés, reliquaires, brisaient les autels, renversaient les croix. Le soir, on alluma un grand feu ; on y jeta avec les boiseries des églises, chaires et stalles des chanoines, les actes, les titres et les reconnaissances féodales.

En Allemagne, à la voix de Luther comme à Nîmes en 1567, dans les Cévennes en 1702, comme pendant la grande Révolution, ce fut au cri de : plus de dîmes, plus de censives, que s'opéra la régénération sociale.

Pour mieux couvrir le crime, la nuit, devait s'opérer le massacre; mais la foule était impatiente.

Louis Lagrange lui servit la première victime, Jean de Paberan, vicaire général. Il fut tué dans sa chambre à coups de dague, et son corps jeté par la fenêtre. Le cadavre pollué, profané, déchiqueté, présentait près de trois cents blessures.

Les meurtriers s'étaient fait la main ; la razzia des catholiques était opérée : la nuit était venue.

On redoubla les gardes aux portes de la ville. Les huguenots espéraient bien que Condé avait réussi son coup de main et tenait le roi prisonnier ; que partout, dans toute la France, le mot d'ordre, venu des chefs, avait été exécuté et que demain le triomphe leur assurerait l'impunité.

Ils couraient dans les rues, annonçant la capture du roi et le soulèvement des principales villes de Languedoc.

On fit crier partout dans tous les carrefours que les catholiques, restés libres, ne sortissent pas de leurs maisons sous peine de la vie. Les huguenots furent invités à se rendre sur la place. Là ils connurent la décision de l'assemblée secrète : la mort des papistes.

Il était neuf heures du soir.

Les catholiques arrêtés sont tirés des maisons de Guillaume Lhermite et de Pierre Cellerier : on les mène à l'hôtel de ville, et on les enferme dans les chambres au-dessus de la salle de délibération. Ils y restent deux heures.

Il était onze heures du soir. Cellerier entre avec une liste à la main ; à plusieurs reprises, il parcourt les chambres, puis s'arrête et lit les noms de la première charrette. Gui Rochette, son frère, François de Gras, Jean Quatrebar... Et on les conduit à l'évêché.

Tous, ils marchent d'un pas ferme à la mort. En tête Jean Quatrebar, prieur des Augustins, encourage ses compagnons.

Ils arrivent au lieu du supplice. Aux fenêtres de la tour, sur le toit de la cathédrale, des hommes étaient postés avec des torches pour éclairer ce lugubre drame.

Alors le massacre commence, sans pitié, horrible. De sang-froid, l'esprit des ténèbres accomplit son œuvre : les bourreaux ne sont pas ivres.

Le premier consul, Gui Rochette, tombe l'un des premiers, percé de coups. Il demande grâce pour son frère, prières inutiles ; on lui enlève deux bagues de prix et on jette son cadavre dans le puits.

Jean Quatrebar, prieur des Augustins, tombe à son tour, transpercé, meurtri, à demi-mort ; les bourreaux le somment de renoncer à sa religion. Il refuse, malgré toutes les promesses et les instances. La foi triomphe : son cadavre va rejoindre celui du premier consul.

Les autres eurent le même sort. François de Gras avait 600 écus : ils lui furent enlevés.

Cellerier retourne à l'hôtel de ville. Nouvelle fournée. Etienne de Rodillan, Jean Etienne... doivent suivre l'exécuteur des hautes œuvres des Messieurs — comité de huit commissaires, qui avaient pris en main tous les pouvoirs et s'étaient substitués aux consuls.

Ils suivent, dociles. Arrivé à l'évêché, Jean Pierre est dagué.

— Je suis mort, s'écrie-t-il.

— Encaro caminaras jusques aù pous (Tu marcheras bien encore jusques au puits) lui répond l'assassin.

... Et ces nouvelles victimes vont rejoindre Gui Rochette et ses compagnons.

On retourne à l'hôtel de ville. Troisième fournée. Etienne Mazoyer, Georges Guérinot... Et ceux-là encore, à la sombre lueur des torches. sont tués et jetés dans le puits.

Et le puits, profond de sept toises, large de quatre pieds, fut rempli ; l'eau mêlée de sang surnageait ; et de temps à autre on entendait quelques plaintes, quelques râles, quelques gémissements : c'étaient les derniers spasmes des victimes qu'on y avait précipitées à demi-égorgées.

L'évêque avait échappé : pendant ces lugubres heures, il s'était tenu caché dans la maison de Brueys, seigneur de Sauvignargues, jusqu'au lendemain.

C'est là qu'une bande de soldats va chercher Bernard d'Elbène. Son hôte le livre. L'évêque demande s'il ne pourrait pas se racheter à prix d'or. Brueys parlemente avec le chef : la rançon est fixée à cent vingt écus. Bernard d'Elbène vide sa bourse : la somme est insuffisante. Il emprunte à ses domestiques : quelques écus manquent encore. Il demande à Brueys de lui prêter pour compléter la somme ; celui-ci y consent, mais ne veut pas le laisser partir en liberté sans qu'il l'ait remboursé. L'évêque est enfermé dans une cour.

Quelques instants après, une seconde bande de pillards arrive. Ils frappent rudement à la porte, réclamant leur part de butin.

On refuse de leur ouvrir ; ils escaladent par une maison voisine, et entrent en criant : mort aux papistes.

Les domestiques de l'évêque se cachent dans la maison : les pillards courent après eux, les découvrent et les massacrent.

Le prélat et son maître d'hôtel, Louis de Sainte-Sosie, se réfugient dans une cave. Après bien des recherches, ils y sont découverts et emmenés prisonniers.

Dans la rue, les huguenots lui enlèvent son anneau et sa croix pectorale; le dépouillent, l'affublent d'un habit de paysan et le coiffent d'un bonnet. Dans cet accoutrement ridicule, au milieu des rires et des huées, honni, bafoué, moqué, il est conduit à l'évêché et amené près du puits où il peut voir l'eau sanglante. Il se met à genoux pour faire son sacrifice. Pendant sa prière, il voit massacrer son maître d'hôtel sous ses yeux.

Les pillards se saisissent alors de l'évêque et lui enlèvent son vêtement. On va l'immoler. Alors un de la bande, Caussinal, s'avance. Est-ce de pitié? Est-il poussé par la reconnaissance pour un bienfait d'autrefois? Le pistolet d'une main, l'epée de l'autre, il s'avance, prend l'évêque sous sa protection et menace de casser la tête au premier qui le frappera. Les bourreaux lâchent prise, et lui-même conduit la noble victime dans la maison des héritiers de Jacques de Rochemore.

Les assassins réclament la victime; ils entourent la maison: Caussinal est sur la porte, toujours menaçant.

Pierre Suau — rendons cette justice à l'un des organisateurs de la Michelade — passe sur ces entrefaites, demande la cause de ce tumulte, approuve ce qu'a fait Caussinal, prend l'évêque avec lui et le fait sortir de la ville. Suau sauva aussi son frère de lait, Pierre Journet, jeune acolyte de la cathédrale.

Le mercredi à midi le massacre cessa: une quarantaine de catholiques restèrent prisonniers; parmi eux, les trois consuls qui avaient survécu à Rochette.

Voici les noms de quelques-unes des victimes:

Jean de Paberan, archidiacre et vicaire général.

Chanoines: Ambroise Blanchon, Etienne de Rodillan, Etienne Mazoyer, Jean Alesti et Antoine du Prix.

Prêtres: Louis de Hocles, curé de la cathédrale; Alexandre André, curé de Millaud; Mathieu du Prix et Thomas Mosque, aumônier de l'évêque.

Religieux: Jean Quatrebar, prieur des Augustins; Nicolas Sausset, dominicain; Pierre Folcrand, augustin; Guillaume, cordelier.

Laïques: Gui Rochette, premier consul; Robert Grégoire, son frère, et François de Gras, avocats: Jean Grégoire, notaire; Vidal, capitaine; Louis de Serres, gendarme ; Jean Pierre, maître de musique à la cathédrale ; Julien Corbon, basse contre : N. Peirot, joueur de violon ; N. Léonard, sonneur ; Louis de Sainte-Sosie, maître d'hôtel de l'évêque ; Claude Chimieu, secrétaire de l'évêque ; N. Ginestot, basochien ou clerc du palais ; Jean Saissac, solliciteur ; Augustin Michel, orfèvre ; Louis Doladille, ouvrier en soie ; Firmin de Saint-Jean, jardinier ; Jeannet, boulanger ; Pierre, cuisinier ; Jean des Ollières, Bernard de Faus et Georges Guérinot, cordonniers ; André Faure, Blaise Serrane, Jean des Fantaisies, François Allier, Allrer, Antoine Farelle.

Sur l'orifice du puits où les victimes avaient été précipitées, on éleva une croix portant cette inscription.

D. O. M.

« Æternæ memoriæ octoginta martyrum, qui, in odium fidei, multis vulneribus ab hæreticis confossi, et in hunc puteum mersi, in cœlum feliciter enatarunt, anno 1567. »

Je n'ai pu citer que quelques noms ; beaucoup sont inconnus. L'inscription qu'on vient de lire dit qu'il y eut quatre-vingts martyrs ; les dépositions des témoins devant le Parlement de Toulouse l'évaluent à une centaine ; un journal anonyme à cent quatre-vingts ; le vicomte de Joyeuse dit qu'il y eut deux ou trois cents victimes.

Quel fut le rôle du consistoire, et quelle part de responsabilités doit retomber sur les ministres ?

La responsabilité première ne peut pas remonter jusqu'à eux, croyons-nous ; les grands coupables furent ces Messieurs du comité, tout puissants, qui auraient pu empêcher le massacre, puisqu'ils purent faire délivrer les prisonniers qui restaient.

Le rôle des ministres fut-il simplement passif ? C'est l'avis de Baragnon. Le consistoire, dit-il, réprimanda les coupables, les engagea à prendre leur conscience pour juge, et à restituer ce qu'ils avaient pris.

Baragnon n'avait qu'à lire l'arrêt du Parlement de Toulouse qui, le 18 mars 1569, condamna à mort quatre ministres.

Le parti catholique fut abattu par cette saignée. La

ville était aux huguenots. Seul le château résistait encore, défendu par une cinquantaine d'hommes et les catholiques qui avaient pu s'y réfugier.

Des troupes de Provence et du Comtat Venaissin vinrent à leur secours mais ne purent briser les lignes d'investissement. Le 15 novembre, la garnison capitula ; les conditions furent respectées.

Maîtres de Nîmes, les Messieurs du comité y commandèrent en despotes. Ils destituèrent les trois consuls qui avaient échappé au massacre, et en firent nommer quatre autres, tous religionnaires.

Puis, pour bien marquer leur œuvre, ces renverseurs *d'idoles* mirent au rabais la démolition de la cathédrale : le palais épiscopal, les maisons des chanoines et des prêtres, les églises paroissiales, les couvents furent démolis : le sol en fut nivelé. En quatre mois toutes les églises eurent disparu, excepté Sainte-Eugénie.

En tête des démolisseurs, comme le 30 septembre en tête des assassins, on voyait des conseillers au présidial et des avocats, qui maniaient la pioche comme de simples manœuvres.

Pierre de Malmont et Pierre de Fons aident à démolir la muraille des Augustins ; Jacques Rozel, l'église des Dominicains. Jean de Sauzet, contemplant la démolition du couvent des Clarisses, s'écriait : « Ceci fait beau à voir ! Il y a longtemps qu'on devrait l'avoir fait ; les religieuses n'y seraient pas revenues comme elles ont fait. Il faut abattre les nids afin que les oiseaux n'y retournent plus. »

Après les maisons et les églises, les champs. Les terres appartenant au clergé furent ravagées, on coupait les oliviers, on arrachait les vignes.

Vexations sans nombre sur les catholiques : rançon, pillage, surcroît des charges, entretien des troupes calvinistes ; ce n'est pas Louis XIV qui a inventé les dragonnades.

André, dit Radel, rançonné par Pierre Suau, le jour de la Michelade, vit, le 3 octobre, ses champs ravagés ; quelques jours plus tard, Messieurs du Comité le mettent à contribution pour une somme de 1000 livres, et, pour le décider à payer, le font mettre en prison.

Inutile de se plaindre. Ces Messieurs disaient tout haut que si la guerre ne leur était pas favorable, ils couperaient la gorge à tous les catholiques et se substitueraient leurs héritiers.

On sait comment finit cette guerre : par la paix boîteuse et mal assise.

Les États de Languedoc demandèrent vengeance du sang versé à Nîmes, et le parlement de Toulouse procéda à l'information.

Entendons d'abord les coupables. Dans l'histoire de Ménard on trouve une apologie de la Michelade. Je vais citer en entier ce factum.

« Celui qui déclare dans son Evangile qu'il n'est pas venu au monde pour y porter la paix mais la guerre ; qui prédit qu'à son occasion le père sera contre le fils, le frère contre le frère, permit à l'établissement de la Réformation à Nîmes une journée de sang, en laquelle les étrangers de l'alliance furent mis à l'interdit. Ce fut le 30 septembre 1567 que les factieux de Nîmes ont marqué de rouge, et duquel les ennemis de la Réformation ont pris occasion d'insulter contre elle par toute la chrétienté. Le fait est tel.

« Depuis la paix de l'an 1563, les catholiques de Nîmes avaient usurpé le premier consulat, que l'édit avait laissé aux réformés, et, par lettres de cachet s'étaient fait nommer et s'établissaient violemment par la force d'une garnison qu'ils avaient dans le château, au préjudice de l'ancien privilège que les habitants ont de faire leurs consuls au sort. Cette usurpation avait continué les années 1564, 1565, 1566 et 1567, et, comme elle passait en titre par la coutume, et que les habitants de la religion étaient opprimés de la sorte et rebattaient en vain dans les juridictions ordinaires les moyens de vendiquer leur droit, six occurrences leur en donnèrent l'occasion.

« 1° Le tort fait à une jardinière, à laquelle quelques soldats de la garnison ravirent les fruits qu'elle portait et battirent quelques habitants qui s'en voulurent formaliser ; — 2° la tyrannie des catholiques de Nîmes qui usurpaient le consulat à ceux de la religion, sous prétexte de lettre de cachet ; — 3° le dessein de prendre les armes par toute la France, que le prince de Condé avait inspiré, et dont il avait fait porter l'avis à ceux qui gouvernaient les affaires de la Religion en cette province par le seigneur de Florensac, de la maison d'Uzès, arrivé le 27 de ce mois; — 4° les intrigues de la ville dont les principales familles étaient fort divisées : celle des Albénas et des Calvières mortellement ennemies, par un soufflet baillé par le sieur de Colias de la maison d'Albénas catholique et reçu par Calvière, avocat; — 5° comme les réformés avaient dessein de se rendre maîtres de la ville, le même jour et à cet effet, le chapitre de Nîmes avait correspondance avec le vice-légat d'Avignon qui lui avait promis ses gardes Albanaises à cheval, et les gardes de pied de sa garnison, les avait fait couler une partie dans Nîmes et les autres dans les villages de la Vaunage; ce qui, découvert par une lettre interceptée et ouverte dans une conférence secrète, tenue dans la maison de Lhermite, fit résoudre les réformés à la précaution; — 6° la paction de se venger des massacres faits de ceux de la Religion à Cabrières, en 1545, à Cahors en l'année 1561, à Vassy, à Sens, à Marseille, à Aix et à Salon de Craux, en l'année 1562 et à Tours, en l'année 1563, acheva de persuader nos Nîmausiens. L'injure de la jardinière émeut le peuple; la perte de ses privilèges du consulat, sa colère contre les oppresseurs, la querelle des Calvières contre les Albénas l'attisèrent et l'ordre du prince de Condé fit mettre la main à l'exécution : la trahison des catholiques la hâta; le massacre de leurs frères fournit d'exemple à la vengeance des Réformés, et la Providence qui tire le bien du mal souffrit cet égarement pour la gloire de sa justice et de ses miséricordes. »

Voilà comment depuis trois siècles on écrit l'histoire. Les coupables sont les catholiques qui étaient si bien résolus à prendre la ville, qu'ils se trouvèrent sans armes et furent faits prisonniers sans aucune résistance et sans blesser même un seul huguenot.

Examinons les occurrences qui, d'après l'auteur protestant, donnèrent l'occasion du massacre des catholiques.

Seul, il mentionne l'affaire de la jardinière, n'en parlons pas.

Le dessein de prendre les armes et l'ordre venu de Condé sont deux faits historiques, mais à charge contre les réformés.

Jusqu'à quel point les familles d'Albénas et de Calvières étaient-elles divisées ? Ce qui est hors de doute, c'est qu'un d'Albénas était dans le complot des trois qui décidèrent la mort des papistes ; il fut condamné par le parlement de Toulouse. Nous savons aussi qu'un autre Albénas (Jean Pol de), mort en 1563, écrivit avec une rare érudition sur la ville de Nîmes : il était aussi huguenot. Il y avait à cette époque un autre Albénas, lieutenant principal, catholique, qui échappa au massacre, et dont la maison fut pillée et saccagée.

L'allégation que les catholiques songeaient à s'emparer de la ville est démentie par les événements. Si les catholiques avaient soupçonné la prise d'armes des huguenots, si surtout ils avaient été armés, le massacre n'aurait pas été si facile. Il est faux aussi que dans Nîmes il y eut des troupes du vice-légat : il n'y avait que les cinquante soldats chargés de garder la tour et qui résistèrent. Les secours n'arrivèrent que plus tard, comme je l'ai dit.

Il ne reste que deux allégations : la tyrannie des catholiques, et toujours — il fallait s'y attendre — le désir de venger leurs frères massacrés. Je ne répondrai pas à cette seconde accusation : je l'ai fait plus haut.

Examinons la seule allégation qui reste : la tyrannie des catholiques.

Lorsque, après l'édit de pacification, les catholiques rentrèrent dans la ville, ils étaient en petit nombre et trouvèrent le conseil de ville composé presque uniquement de huguenots.

Ils demandèrent, conformément à l'édit, d'être rétablis dans les charges publiques. Damville ordonna de procéder à la nomination des consuls de l'année 1564, et, sans préjudice pour l'avenir, en présence du gouverneur d'en laisser le choix au juge-mage, au viguier, au procureur du roi et à douze notables de la ville. Ce mode fut favorable aux catholiques.

En même temps, les ecclésiastiques rentrèrent ; leurs biens avaient été gaspillés ; ils demandèrent un secours à titre d'indemnité : il leur fut refusé.

Le 12 décembre 1564, Charles IX fit son entrée à Nîmes. Les deux partis lui portèrent leurs plaintes : les huguenots se plaignaient de Damville et du mode d'élection qu'il avait ordonné pour les consuls ; les catholiques se plaignaient des huguenots qui occupaient toutes les places de la judicature, et ne cessaient de les tourmenter, malgré l'édit de pacification. Conformément à la décision des derniers Etats de Languedoc, ils demandaient la révocation des magistrats religionnaires.

Le roi nomma des commissaires et promit de statuer pendant son séjour à Montpellier ou à Toulouse. Dès qu'il fut parti de Nîmes, on procéda à l'élection des consuls.

Un édit du 16 juillet précédent avait ordonné que dans toute la France, il serait procédé, pour une fois seulement, à une double élection ; que la liste des élus serait envoyée au roi, et que celui-ci choisirait parmi eux.

Le résultat fut encore cette fois défavorable aux calvinistes de Nîmes. Ils demandèrent alors un consulat mi-parti, se pourvurent en conseil du Roi, et obtinrent gain de cause. Les protestants devaient désigner huit catholiques ; les catholiques huit protestants ; ils refusèrent, et les consuls précédemment désignés entrèrent en charge.

De Toulouse, Charles IX permit aux Calvinistes de Nîmes d'élever deux temples : l'un dans la rue de la Calade, l'autre près la Maison Carrée. Celui-ci fut commencé le 27 juin 1565 ; on y fit le premier prêche le 27 janvier 1566.

Les huguenots qui dominaient à Nîmes voulaient toujours éloigner les catholiques des fonctions publiques. Le roi nomma lui-même les consuls de 1566.

Le 30 novembre 1566 eut lieu l'élection des consuls pour l'année 1567. Les huguenots veulent avoir deux consuls de leur religion. Les catholiques l'emportent et font ce funeste cadeau à Gui Rochette, avocat, Jean

Baudon, bourgeois, François Aubert, maçon, et Christol Ligier, laboureur. Réclamations des huguenots. Joyeuse confirme l'élection.

En quoi les calvinistes pouvaient-ils se plaindre de la tyrannie des catholiques dans l'élection des consuls ? A Nîmes, ils ne pouvaient espérer un traitement de faveur : ils l'obtinrent cependant et le refusèrent.

Les catholiques les empêchèrent-ils de bâtir leurs temples ? Allèrent-ils les troubler dans l'exercice de leur culte ? N'est-ce pas les catholiques qui avaient à se plaindre de la tyrannie protestante ? J'ai raconté les événements de 1567 ; mais en 1561 les huguenots, au nombre de deux mille, forcèrent les portes de la cathédrale pendant que Bernard d'Elbène y célébrait et donnèrent aux catholiques un avant-goût de la Michelade. Quand on pille nos églises, profane nos vases sacrés, jette au feu les hosties consacrées, c'est au nom de la liberté ; et les catholiques sont encore les tyrans ! En 1561, Viret s'installa dans la chaire de la cathédrale. Quel est le prêtre qui monta dans la chaire du temple en 1566 ? Il y en eut ; cinq ou six chanoines qui, cette année-là apostasièrent.

Il faut écrire l'histoire à la façon de Michelet pour dire que le protestantisme combattait sous les fleurs de lys, que les huguenots étaient les blancs de l'époque, les catholiques les rouges : il faut faire mentir l'histoire comme il le fait, pour dire que le protestantisme apportait la liberté civile, alors que partout, les réformés attentèrent à nos libertés communales, et donnèrent ainsi au pouvoir royal l'exemple de l'intervention dans les élections municipales.

Le sang des victimes de la Michelade eut bientôt des vengeurs. Le vicomte de Joyeuse vint à Nîmes, rétablit le culte proscrit, destitua les consuls nommés par les Messieurs, rappela les anciens et fit nommer un remplaçant à Gui Rochette.

Le 12 avril 1568, dans un conseil qu'il présidait, Robert de Georgis, avocat, demanda vengeance pour les « deux ou trois cents victimes et pria Joyeuse de faire punir les assassins. Le chapitre, par la voix de son archidiacre, Louis Timiné, exposa ses plaintes, et réclama un lieu convenable pour le culte. Charles Rozel, un des auteurs de la Michelade, tout en désavouant les massacres, entreprit de défendre ses complices ; à la fin, il consentit à ce que la justice informât. »

A la requête des veuves et des parents des victimes, Charles IX intervint à son tour et, le 19 décembre 1568, confia l'affaire au parlement de Toulouse.

Les coupables prirent la fuite. Le parlement rendit son arrêt le 18 mars 1569. Plus de cent individus furent condamnés par contumace. La Cour les condamna « à être délivrés ès mains de l'exécuteur de la haute justice qui leur fera faire les tours par les rues et carrefours accoutumés de la dite ville de Nîmes, montés sur un tombereau ou charrette, ayant la hart au col, les amènera ès places publiques d'icelle ville où en des potences qui à ces fins seront dressées, seront réellement exécutés, pendus et étranglés ».

Quinze d'entre eux, plus coupables, devaient préalablement être traînés en effigie sur une claie. C'étaient : de Brueys, juge criminel, Guillaume Calvière, président au presidial ; Robert Leblanc, juge ordinaire ; Jean Melet et Jean de Fons, conseillers ; Bernard Barrière, procureur du Roi ; Guillaume Maugret et Chambrun ministres ; Pierre Suau, Nicolas Calvière, François de Pavée, Honorat de Montcalm ; Aymez et Poldou, capitaines, et de Brueys, seigneur de Sauvignargues.

Les coupables furent de plus condamnés à une amende de 200.000 livres, ainsi réparties : 2.500 pour réparer la ville ; 60.000 pour restaurer la cathédrale ; 6.000 à la veuve et aux enfants de Gui Rochette. La maison de l'Hermite devait être démolie. Une peinture placée à l'hôtel de ville devait représenter le premier consul « avec la livrée consulaire, sous la description du massacre commis en sa personne ». Les cadavres devaient être retirés du puits et ensevelis honorablement ; le puits devait être rempli de terre, et sur son emplacement on devait élever une chapelle où tous les jours on devait dire une messe pour les victimes ; le jour anniversaire, la messe devait être chantée, et une procession d'expiation devait être faite ; à ces fins on devait prendre 2.000 livres pour construire et doter cette chapelle. Ce qui restait des amendes devait être donné aux veuves et aux enfants des victimes. Enfin les biens des condamnés étaient confisqués et défense de leur donner asile ou subsistance.

Quatre seulement furent pris. Andron, Rozel, Fazandier et Garnier. Un nouvel arrêt du parlement de Toulouse, en date du 26 avril 1569, les condamna à mort : ils furent décapités à Toulouse, et leurs têtes furent envoyées à Nîmes pour y être plantées sur les quatre principales portes.

Telle est, dans toute son horreur, la première Michelade de Nîmes, sur laquelle les historiens font silence ou passent d'un pied léger. De Felice, dans son *Histoire des protestants* y consacre quatre lignes et consacre vingt pages à la Saint-Barthélemy.

La seconde Michelade de Nîmes fit peut-être autant de victimes, mais les circonstances ne revêtent pas autant de cruauté. Quelques historiens même les ont confondues, donnant le nom de Michelade au massacre de novembre 1569. M. Baudrillard, dans son ouvrage, *L'Eglise catholique, la Renaissance et le protestantisme*, est tombé dans cette méprise. « Le 29 septembre 1569, fête de saint Michel, d'où le nom de Michelade (ils tuent, sept heures durant, les catholiques qu'ils avaient enfermés dans les souterrains d'une église. » Quelques lignes plus haut, il fait mention, il est vrai, de la première Michelade, et la fixe au 30 septembre 1567.

Le second massacre des catholiques de Nîmes eut lieu, non le 29 septembre 1569, ni en octobre, comme le dit Baragnon, mais en novembre. Saint-Come pénétra dans la ville dans la nuit du 14 au 15 novembre ; et c'est à cette dernière date qu'il faut fixer la seconde Michelade.

Après la paix de Longjumeau, une réaction catholique se produisit dans Nîmes. Les huguenots abandonnèrent la ville en grand nombre, et se réfugièrent dans les Cévennes, surtout à Saint-Geniez de Malgoire. Ils espéraient bien un jour se venger.

Aidés des Calvinistes restés dans la place, ils formèrent le projet de s'en emparer. Ils mirent à leur tête, Nicolas Calvière, plus connu sous le nom de capitaine Saint-Come.

Nîmes était bien fortifié ; ils employèrent la ruse.

Un charpentier du nom de Maduron, s'offrit. Pendant les longues nuits de novembre, il scia une grille de fer, placée près la porte de la Bouquerie, par où passaient les eaux de la fontaine pour se rendre au canal de la Gau. La grille, une fois sciée, des soldats d'élite devaient s'y introduire, et attendre, dans un moulin appelé Pesouillous, le signal de l'attaque.

Dans la nuit du 14 au 15 novembre, Saint-Come vient camper près de la fontaine dans un champ d'oliviers ; le ministre Deïron est avec lui et encourage les réfugiés, renforcés de deux cents cavaliers venus du Vivarais.

Maduron a fini son œuvre. Saint-Come, à la tête d'hommes bien résolus, s'avance, enlève la grille, et pénètre dans le moulin. A trois heures du matin, il sort, se dirige vers la porte des Prêcheurs, où il avait donné rendez-vous à ses soldats, attaque le corps de garde et le disperse. La porte est ouverte et la cavalerie entre dans la ville.

Nîmes se réveille au son des trompettes. Le gouverneur Saint-André, qui avait, dit-on, méprisé les avis qu'on lui avait donnés, ne pouvant croire à tant d'audace, fut une des premières victimes.

Le massacre commence. Robert de Georgis est égorgé dans sa maison. Antoine Rouvérié, seigneur de Cabrières, entouré de vingt-cinq catholiques, se défend avec courage : il tombe, couvert de trente-cinq blessures.

Mentionnons surtout la mort de sept Observantins qui furent victimes de leur zèle.

Lors de l'entrée du seigneur de Saint-Come, huit religieux de l'étroite observance de Saint-François, allèrent demander protection à de Fons, garde des sceaux.

C'était un huguenot. Mû par un sentiment de charité chrétienne, il fit cacher les religieux dans l'endroit le plus écarté de sa maison. Dans leur cachette, ils réfléchissent sur la situation cruelle où se trouvaient les catholiques ; la grâce aidant, ils résolurent de sortir et de porter à leurs frères qu'on égorgeait les secours de la religion et leurs encouragements à persévérer dans leur foi.

Au nombre de sept ils sortirent. Pris par les huguenots, ils furent inhumainement massacrés. Leurs corps furent portés dans la cour du garde des sceaux et jetés dans le puits qui s'y trouvait. Le lendemain matin, M. de Fons les fit retirer du puits et ensevelir dans un endroit de sa maison, il défendit en outre qu'on but jamais de l'eau du puits.

Jean de Fons remarqua qu'il n'y avait que sept cadavres. Qu'était devenu le huitième religieux ? Il se rendit à l'endroit où il avait caché les religieux, et trouva le huitième endormi. Il l'éveilla et lui fit connaître la mort de ses compagnons. Ce religieux — c'était un frère lai — se mit à sangloter de n'avoir pas partagé leur martyre. Il pria son protecteur de le garder encore quelques jours ; puis M. de Fons le fit passer à Avignon.

L'histoire nous a conservé le nom de quatre de ces victimes. Balthazar Prat, gardien du Couvent, Jean Chalvet, Guillaume Scoffre et Jean Landret.

Il y eut plus de cent-vingt victimes dans ce massacre. Les huguenots firent un butin immense, et en moins de deux jours plus de deux mille religionnaires vinrent s'établir dans Nîmes...

CHAPITRE V

LE PASTEUR FERRIER

Au commencement du XVIIe siècle, Jérémie Ferrier était un des hommes les plus en vue du protestantisme français. Ecrivain distingué, prédicateur éminent, controversiste vigoureux, ses qualités de l'intelligence et du cœur avaient attiré sur lui l'attention de ses coreligionnaires et mérité leur estime et leur confiance.

Le parti protestant l'avait délégué dans les missions les plus délicates. En politique, il se rapprochait de Sully, et appartenait à cette école de pasteurs et d'hommes éminents protestants qui pensaient que l'édit de Nantes était assez large pour permettre à l'idée protestante tout son développement.

Disons le fond de notre pensée. Le pasteur Ferrier était un convaincu, un homme religieux, défendant sa religion avec toute l'âpreté d'une âme ardente, saisie par la vérité, mais éloigné des extrêmes où le parti protestant voulait entraîner le protestantisme. Il aurait été avec Coligny, il aurait combattu vaillamment pour le triomphe de ce qu'il croyait être la vérité ; mais venu à une époque où son parti avait obtenu tout ce que raisonnablement il pouvait demander, Ferrier aurait voulu voir ses coreligionnaires user des libertés obtenues, se soumettre aux édits justes de l'autorité, et modérer leurs prétentions qui tendaient toujours à les faire passer pour des révoltés. Il aurait voulu construire après tant de ruines, et faire de la Réforme non plus un parti politique, mais un parti religieux. Ce fut sa perte.

Il fut victime de l'intolérance de ses coreligionnaires qui, même encore de nos jours, ne peuvent écrire son nom sans faire écho aux calomnies de ses contemporains et lui accolent les épithètes de Judas et de vendu.

Ces qualificatifs ne doivent pas troubler son repos dans l'Église Saint-Sulpice : lui-même l'avait prédit.

Cet homme que les protestants allaient traîner aux gémonies avait été l'âme de son parti dans la ville de Nîmes. Il avait même un moment porté tout le poids de la lutte.

Même avant l'édit de Nantes, Pierre de Valernod, évêque de Nîmes, avait fait tous ses efforts pour rendre à la religion toute sa splendeur. Il avait fait venir des jésuites pour combattre dans cette Genève du Midi l'influence prépondérante du protestantisme. Le Père Cotton, qui devait être le confesseur de Henri IV et de Louis XIII, était à leur tête.

Dans la ville de Nîmes, la Réforme n'avait pas un

homme qu'elle pût opposer aux fils de saint Ignace. Elle fit venir du milieu des Cévennes, d'une petite ville qui, alors, ne comptait pas plus de quatre mille âmes, Alais, Jérémie Ferrier. Il osa soutenir la lutte, releva le courage de ses coreligionnaires et sauva l'honneur de son parti. Il ne put cependant empêcher les conversions non seulement des gens du peuple, mais aussi des personnes de marque. Devant ces succès, les libéraux de l'époque demandèrent à plusieurs reprises à Henri IV d'interdire aux jésuites de prêcher dans les villes de sûreté.

En 1603, nous retrouvons Ferrier au synode de Gap ; il y fait adopter une proposition que le Pape était l'antéchrist.

En 1611, il fut député à l'Assemblée générale de Saumur.

Les protestants voulaient profiter de la faiblesse d'une régence pour se faire accorder de nouveaux privilèges. Qu'on juge de leurs prétentions. Ils exigeaient que les articles particuliers de l'édit de Nantes, qui n'avaient pas été enregistrés par le Parlement, fussent exécutés comme les articles du corps de l'édit ; que dans chaque siège royal, il y eut un notaire calviniste ; que les places de sûreté leur fussent assurées pendant dix ans au moins ; que les jésuites ne pussent y prêcher ; que le royaume fût divisé en huit cercles... En un mot, dit Richelieu, les cahiers étaient « composés de telle façon que quand le conseil eût été huguenot, il n'eût su leur donner satisfaction. »

Dans le sein de cette assemblée qui expose à la Cour de semblables doléances, il y a des hommes modérés. Depuis près de vingt ans, le vieux parti huguenot a déposé les armes. Les irréductibles, ceux qui avaient tant lutté contre le papisme, sont morts ou usés par l'âge. Une nouvelle génération a grandi dans la paix ou, si l'on veut, dans la guerre plus pacifique de la plume et de la parole. Parmi eux se trouve Jérémie Ferrier.

Ce parti devait être assez puissant, puisqu'il fut député à la Cour. Marie de Médicis fit quelques concessions, prolongea en particulier de cinq ans l'entretien des places de sûreté. Ferrier défendit la Cour auprès de ses coreligionnaires. C'en fut assez pour s'attirer leurs malédictions.

Le synode national de Privas l'excommunia et le rendit inéligible pendant dix années à toute assemblée politique.

Ferrier était avant tout un pasteur, un homme religieux. Déjà, depuis quelques années, il avait été témoin de nombreuses conversions, et il avait pu comparer les manières d'agir des deux confessions. Cet examen avait produit sur son âme une impression profonde, et même parfois un certain dégoût à la vue des quelques rares recrues qui venaient au protestantisme : tel cet Arrias Burdeus, moine augustin espagnol, qui, de complicité avec un de ses élèves, Candolas, avait assassiné un avocat, Pierre Romain, pour avoir sa femme, et était venu à Nîmes embrasser la Réforme, et où le Conseil de la ville lui avait même donné un secours de 200 livres ; tel cet autre religieux qui vint à Nîmes consommer son apostasie, entra au temple, fit le signe de la croix, et, cherchant vainement un autel, se mit à genoux au pied de la chaire.

Excommunié, Ferrier dut penser à s'assurer le pain de chaque jour. Il sollicita un office au présidial de Nîmes. Le Conseil de la ville envoya des députés à la Cour pour faire échouer cette demande. Peine inutile : Ferrier l'obtint.

De Felice dit que cette nomination fut la récompense de son retour au catholicisme. Ce n'est pas à Nîmes, mais à Paris, que Ferrier revint à la foi de ses pères, et abjura entre les mains du cardinal Duperron.

Nommé au présidial de Nîmes au commencement de juillet 1613, le pasteur Ferrier fut de nouveau excommunié par le consistoire le 14 juillet 1613.

Le lendemain, malgré les conseils de ses amis, il voulut se rendre au palais : il fut assailli par la populace. L'émeute, provoquée par ses anciens collègues, commença par les enfants qui lui jetèrent des morceaux de courge ; puis des personnes plus âgées s'y joignirent et le poursuivirent de coups de pierres, en criant : Veje lou, veje lou, lou traître Judas.

Laissons-le nous raconter, dans la préface de son *Antéchrist*, tout ce qu'il dut souffrir.

« Je croyais que les ministres et leurs suppôts eussent été satisfaits pleinement en la haine implacable que le soupçon de ma conversion leur avait fait concevoir contre moi, par le singulier contentement qu'ils avaient eu de voir exercer par leur commandement, par leur conduite, et sous leur autorité contre ma personne et contre toute ma famille la plus inhumaine et la plus barbare procédure qui se vit jamais. Je croyais que ce fût assez, pour rassasier leur naturel sanguinaire, de m'avoir vu à demi-assommé de coups de pierres, n'étant échappé que miraculeusement des mains de trente estafiers du consistoire, qui, par serment s'étaient obligés de me tuer. Je croyais qu'ils dussent être retenus d'avoir vu parmi eux que ma mère, âgée de soixante ans, veuve et fille de ministre, était morte par l'horreur de ce triste spectacle, durant lequel elle fut cent fois menacée par les assassins d'être brûlée toute vive. Je croyais qu'ils se dussent contenter d'avoir vu deux petits enfants arrachés miraculeusement du feu par la sage conduite des magistrats qui furent menacés de mort par ces zélateurs enragés ; d'avoir vu une pauvre femme enceinte de neuf mois, battue de coups de hallebardes, ma belle-mère, âgée de près de quatre-vingts ans, traitée avec la même inhumanité ; d'avoir vu tous mes meubles brûlés devant leur temple, la plus grande part de mes livres et papiers pillés ou brûlés ; tout le meilleur de mon bien emporté et ruiné. Je croyais qu'ils dussent être couverts de honte et être pour le moins obligés de se taire, ayant armé toute une ville contre la justice du roi ; l'ayant tenue toute une année en état d'une forêt et brigandage public, où toutes sortes d'exécrations ont été impunément commises, jusques à faire aller ces assassins dans l'église, à la veille de la fête de Noël dernière, pisser dans le bénitier ; de quoi les informations ont été portées aux gens de la justice ; ayant, comme ils ont fait, armé les parents contre les parents, leurs consuls contre leurs consuls ; ayant fait depuis à diverses fois souiller leur ville de leur propre sang et ayant souvent failli de les faire tous s'entre-tuer, depuis le damnable dessein qu'ils avaient fait de me faire assassiner avec toute ma famille. Je croyais que les arrêts donnés par le roi en son conseil contre la ville de Nîmes en corps, pour l'expiation d'un acte si maudit et de si pernicieuse conséquence dans l'Etat; que les arrêts donnés par la Chambre de l'édit de Castres et par les avis de tous les juges de la Religion Prétendue Réformée, condamnant à la roue et au gibet dix-sept de ces pauvres misérables qu'ils avaient obligés à me tuer par intérêt de leur religion, et en leur promettant le paradis par le moyen d'un acte si détestable; que la peine en laquelle a été la ville pour obtenir l'abolition de ces crimes, et enfin que la honte que ce leur est devant Dieu et devant les hommes d'avoir renouvelé par cet acte le souvenir de cette ville de Nîmes, qui a été la première ville de France où ceux de la Religion Prétendue Réformée ont commencé de massacrer les catholiques, en ayant rempli les puits; en somme, je croyais que toutes ces choses ensemble dussent arrêter leur malice, et étourdir cette fureur en laquelle leurs dissensions les ont entretenus durant quelques années. Mais j'ai été grandement trompé dans mon opinion. J'étais, se disaient-ils, de ceux qu'ils appellent pensionnaires du roi et traîtres aux églises; on appréhendait le mal que je pouvais faire à leur église; j'avais, ce dit leur synode, mis la division dans les assemblées; semé des querelles entre les grands, des noises parmi la noblesse; je voulais demeurer à Nîmes pour ruiner toutes leurs églises; j'avais été gratifié par leurs Majestés pour des services cachés; je m'étais assuré de plusieurs moyens pour ruiner et exterminer leurs églises... »

La conversion de Jérémie Ferrier dut être pour le protestantisme un coup bien sensible. L'ancien antagoniste du Père Cotton entrait dans le giron de cette église qu'il avait combattue! Sa mort seul pouvait expier un pareil crime. Pour échapper à la populace, le 15 juillet 1613, il dut se réfugier dans la maison du lieutenant principal, Rozel.

L'émeute dura plusieurs jours: Ferrier nous en a dit les diverses phases. Sa mère menacée d'être brûlée ; ses enfants arrachés avec peine à la mort ; sa femme enceinte battue de coups de hallebardes, ses meubles brûlés, ses biens saccagés et dévastés.

Il quitta Nîmes en cachette et se réfugia à Beaucaire. La chambre de l'édit de Castres ordonna de poursuivre les coupables, et nomma deux commissaires, l'un catholique, l'autre protestant.

Les ministres qui avaient promis le ciel à leurs séides ne les abandonnèrent pas. Une nouvelle émeute éclate : la populace prend les armes ; le sang coule ; un nommé Chantouzel, avocat, est tué. Le présidial quitte Nîmes et se retire à Beaucaire pour que la justice puisse suivre son cours.

La haine ne dure qu'un temps : le peuple comprit bientôt ses torts. Le duc de Ventadour servit de médiateur entre lui et ses juges : la cour revint à Nîmes et mit pour condition à son indulgence que Ferrier serait dédommagé de toutes les pertes qu'il avait subies.

Cette affaire avait duré un an. Jérémie Ferrier vendit ses biens, et, en 1614, il se retira à Paris où il fit abjuration et où il mourut en 1626 (1).

CHAPITRE VI

INQUISITION PROTESTANTE DANS LES CÉVENNES (1621-1623)

Il est bien entendu auprès d'une certaine école historique, que les protestants ont toujours été des victimes et des persécutés et que leur doctrine ne s'est diffusée que par la persuasion, malgré les attaques in-

(1) Tallemant des Réaux (*Historiettes*, édit. de 1840, tome V) dit que Ferrier était fourbe et avare ; que ce pasteur ne se convertit au catholicisme qu'après avoir eu une pension du clergé ; qu'il avait même promis à Duplessy-Mornay de revenir au protestantisme, que, pour l'en empêcher, les évêques augmentèrent sa pension. C'est probablement sur les dires de ce beau médisant que se basent les auteurs protestants pour attaquer la sincérité de la conversion de Ferrier.

cessantes des pouvoirs publics... A force de le dire et de le répéter, c'est de bonne foi qu'on le dit : les huguenots sont les persécutés, les catholiques sont les persécuteurs.

Ce n'est pas auprès des populations des Cévennes qu'il faudrait, je crois, soutenir une pareille thèse. L'intolérance protestante y est trop connue, et chaque paroisse y a eu trop à souffrir. Jamais, dans aucune ville où il a dominé, le protestant n'a permis le libre exercice du culte catholique. Pus tard il se réclamera de l'édit de Nantes, en demandera l'exécution intégrale : il n'a oublié qu'une chose, c'est que lui-même ne l'a jamais observé quand il a pu l'éviter.

Malgré l'édit de Nantes les écrivains protestants continuent à insulter à la religion de l'immense majorité : l'Eglise est une « paillarde », l'Eucharistie « un dieu de pâte », la messe « une farce et une momerie », le Pape « l'Antéchrist, le capitaine des coupeurs de bourse », Benoist, dans son *Histoire de l'Edit*, est obligé de reconnaître que les ministres avaient conservé « la coutume de parler de l'Eglise Romaine d'une manière que les catholiques jugeaient peu respectueuse ».

Non seulement par des paroles, mais par des actes nous allons les voir insulter aux croyances catholiques, souiller, profaner nos autels d'une manière indigne, et conduire nos Cévenols dans leur temple à coups de bâton. D'ailleurs, nous y sommes habitués.

Racontons brièvement quelques-unes des avanies que durent subir les catholiques des Cévennes et suivons pas à pas les historiens de cette époque et surtout la requête que l'évêque de Nîmes, Pierre de Valernod, adressa au roi en l'année 1622.

D'abord leurs tracasseries furent mesquines. Les consuls réglementèrent les funérailles des catholiques et fixèrent même le nombre de prêtres. Ils empêchèrent ensuite de visiter les malades et de leur porter le saint viatique.

Les violences suivirent bientôt. Le 24 décembre 1620, quelques catholiques allaient paisiblement à la messe de minuit, les protestants les insultèrent et en blessèrent quelques-uns.

Le 9 janvier 1621, vers les cinq heures du soir, des huguenots s'assemblent devant la maison de Philippe Firoux, archidiacre, l'insultent, l'outragent, et à coups de pierres brisent les fenêtres de sa maison. Ils devaient le poursuivre jusque dans la tombe. Quelques mois plus tard, étant décédé, on déterra son cadavre ; on lui enleva son surplis, ses gants et son bonnet ; on lui brûla la barbe et les cheveux, et il fut dépouillé de son costume funèbre. Les bas lui furent arrachés avec tant de violence que les jambes furent disloquées. Enfin la bière lui fut enlevée.

Ils avaient mis des entraves à l'exercice de la religion catholique. Ils la tournèrent en dérision. Un malfaiteur avait été pendu en face du marché. La nuit, ils le descendirent du gibet, lui percèrent les pieds, les mains et le côté ; sur la tête une couronne d'épines ; les bras en croix ; il fut dans cet état traîné au marché aux herbes et attaché au carcan.

Les ministres de la R. P. R. et tous ceux qui les écoutent, demandent la liberté de conscience, mais ils ne la veulent permettre de leur côté, lisons-nous dans le rapport de Pierre de Valernod.

Et l'évêque de Nîmes cite le cas d'un pauvre paralytique, qui, récemment converti, ne voulait pas à son lit de mort recevoir le pasteur. Sa femme fit quand même appeler le ministre. Le curé en fut averti et accourut ; mais le ministre et autres du consistoire, qui étaient venus malgré le malade, injurièrent le prêtre puis le frappèrent. Il fut tellement excédé et battu, surtout de coups de pied dans le ventre qu'il en pensa mourir.

Lorsque des enfants de famille ou autres se convertissaient, pères, mères, parents et habitants du lieu le souffraient si impatiemment qu'ils les poursuivaient de toute façon par outrages et par coups. Cassaignes, conseiller du Roi, Capon et Maltraict, avocats à Nîmes, furent contraints d'abandonner leurs maisons pour échapper aux rigueurs avec lesquelles leurs parents les poursuivaient.

Non seulement ils empêchaient les prêtres d'arriver jusqu'au lit des moribonds nouvellement convertis, mais aussi des catholiques anciens, et quand ils étaient morts, leurs parents empêchaient les funérailles catholiques.

Les consuls et les ministres ne se montraient pas plus humains envers les pauvres malades admis à l'hôpital. Ils exclurent l'évêque de l'administration des biens et ne lui permirent pas d'y pénétrer. Si quelque malade à l'heure de la mort voulait se convertir, ils l'en empêchaient par intimidation et menace ; ils chassaient même les pauvres, et pour une bouchée de pain ou quelque drogue achetaient leur âme. Pierre de Valernod cite le cas d'un pauvre homme qui voulut malgré tout se faire catholique ; les consuls le chassèrent de l'hôpital et le chapitre dut le soigner jusqu'à sa mort.

Ce qu'ils font pour l'hôpital, ils le font pour les écoles. La nomination des régents du collège appartenait de droit au précenteur de la cathédrale. Les consuls usurpent ce droit pour n'y nommer que des protestants.

« Bref, dit un autre mémoire de l'année 1621, presque tous les jours, lesdits prétendus entreprennent quelque chose contre les ecclésiastiques et catholiques, les tenant comme en captivité, tant dans ladite ville que au diocèse ; ce qui est cause que les ecclésiastiques et catholiques ne cessent de prier Dieu de les vouloir délivrer de leur misère et faire la grâce au Roi d'y mettre ordre. »

N'oublions pas que nous sommes en l'année où l'assemblée de La Rochelle reprenait le plan de l'assemblée de Saumur, et rêvait de constituer en France une République. On trouvera les articles de ce plan dans le *Mercure de France* de l'année 1621.

Les ordres de l'assemblée de La Rochelle arrivèrent bientôt à Nîmes ; le duc de Rohan s'approchait aussi.

Conformément aux ordres de l'assemblée, la ville de Nîmes devait être dotée d'une nouvelle enceinte. Il fallait pour cela détruire le couvent des Augustins et celui des Récollets. Cette démolition pouvait être d'une utilité publique ; puisque la guerre civile était décidée et que les Cévennes prenaient fait et cause pour la révolte, il fallait se défendre et se fortifier.

Pierre de Valernod avait planté une croix, en 1615, devant l'église des Récollets. Pourquoi « la brûler avec mots de raillerie? » Pourquoi en jeter « une autre dans le fossé avec grand mépris », et en promener deux autres par la ville par moquerie? Quand une maison est abattue pour cause d'utilité publique, l'autorité laisse au propriétaire le temps d'emporter ses meubles et tout ce qu'il y a de précieux. Ornements et vases sacrés, meubles des religieux, tout fut pillé. La bibliothèque ne fut pas respectée ; jardins et couvent ruinés et ravagés ; le lieu où reposaient les morts profané, les ossements jetés au vent. Et quand on eut commis tous ces actes de vandalisme pour cause d'utilité publique, on pria Jésuites et Récollets de sortir de la ville.

Après les couvents les églises.

En 1610, les catholiques de Nîmes avaient recommencé de rebâtir leur ancienne cathédrale. Elle venait à peine d'être terminée. Le conseil de ville tâcha de sauver ce monument. L'assemblée du cercle fut la plus forte ; sans avoir jamais servi au culte, la nouvelle église fut démolie ; l'ancien mur du portail et de la vieille tour restèrent seuls debout.

De là, la populace se rend à la chapelle qui servait de cathédrale, et où se réunissaient les chanoines. Nouveau brigandage. Rien n'échappe à la dévastation : tableaux, autels, reliquaires, tout est pillé, saccagé, profané. Ecoutons Pierre de Valernod nous en faire le récit.

« Ils se précipitaient pareils à des barbares, profanant et polluant les églises... prenant les cloches, abattant les autels et fonts de baptême... faisant leurs excréments dans lesdites églises, sur les autels et dans le bénitier... chantant chansons profanes et impudiques, se moquant des prêtres et des choses saintes, blasphémant le nom de Dieu, jouant aux cartes et dés sur les autels, sur lesquels ils ont fait tourner la broche, rôti du cochon et autre chair au lieu de Saint-Gervais... dérobant les habits sacerdotaux », tel ce pillard qui sortit de la collégiale, une chape sur les épaules et une mître sur la tête.

Et pour que la dévastation fût plus complète, on confisqua les revenus des chanoines, on saccagea leurs maisons, on dispersa leur bibliothèque, on viola leurs tombeaux.

Les religieux expulsés, les églises démolies, les catholiques, au son du tambour, reçurent ordre de quitter la ville, et le 9 décembre 1621, la plus grande partie des Philistins, Pierre de Valernod en tête, prirent le chemin de Beaucaire.

Les catholiques n'étaient pas plus heureux dans les autres villes ou villages des Cévennes. A Alais, le cadavre de la femme du frère naturel de Montmorency fut déterré, profané et coupé en morceaux.

A Uzès, les catholiques, après avoir assisté à la démolition de leur cathédrale, durent s'exiler, ou de force assister au prêche.

La basilique de Saint-Gilles, une des merveilles du Languedoc, un des chefs-d'œuvre du Moyen Age, fut d'abord convertie en forteresse, et le duc de Rohan ordonna ensuite de la raser.

Le gouverneur de Lunel, Saint-Just, essaya de désobéir aux ordres reçus. Ceux-ci furent réitérés. Il rassembla les catholiques, leur exposa la nécessité où il était d'agir à contre-cœur, et leur conseilla de cacher les prêtres et les religieux. Sous la conduite du pasteur Olivier, les huguenots s'attroupent, se précipitent dans les églises et pillent tout.

Dans les Cévennes, mêmes profanations, mêmes désordres.

A Saint-Martial et à Mandagout, les habitants sont contraints, à coups de bâton, d'assister au prêche; à Sumène, les huguenots portent au prêche un vieillard estropié et l'obligent à écouter. Pour convaincre d'autres habitants de la vérité de leur religion, ils les maltraitent et les pendent par les pieds.

A Anduze, ils ne voulurent jamais permettre la célébration du service divin dans les murs de la ville. Les catholiques étaient obligés d'aller dehors, dans une chapelle que les protestants souillèrent la veille de Noël; ils y introduisirent une charogne, firent leurs ordures sur l'autel, et brisèrent les portes de ce sanctuaire; quelques mois plus tard ils battirent le prêtre qui y célébrait, et démolirent la chapelle.

Dans toute cette partie des Cévennes, Anduze, Saint-Jean de Gardonnonque, Valleraugue, Meyrueis, les ecclésiastiques, les religieux surtout, ne pouvaient y passer sans être insultés, outragés et lapidés : le service divin n'avait pu y être rétabli.

Bien plus, ils ne voulurent pas rendre les églises, malgré les arrêts du parlement de Toulouse et les ordonnances des commissaires exécuteurs de l'édit de Nantes : les églises d'Aulas, Peyrolles, Arrigas, Molières, Aumessas, Valleraugue, etc., étaient restées entre leurs mains.

L'édit de Nantes et les divers édits de pacification, ils ne les observèrent jamais quand ils le purent, et toujours à contre-cœur.

C'est à main armée et par des voies de fait qu'ils prennent nos églises pour y faire prêcher leurs ministres, comme à Manduel et Bellegarde ; s'ils ne peuvent les conserver, ils les démolissent, comme à Nages, Rodillan, Sumène, Calvisson, etc.

Je m'arrête, ce n'est pas que la matière manque. Je crois cependant que ces quelques récits suffiront pour faire apprécier la doctrine de Calvin.

J'ai voulu faire tomber un coin du voile derrière lequel se cachent les protestants, et les montrer tels qu'ils furent.

Nous ne comprenons pas la Saint-Barthélemy parce que nous ignorons notre histoire, mais le jour où un historien impartial voudra nous donner sur cette époque une étude sérieuse, délivrée de tout préjugé et de tout parti pris ; le jour où on aura appris aux nouvelles générations les massacres faits par les huguenots à Montbrison, Valence, Pau, Orthez, etc., ce jour, la Saint-Barthélemy apparaîtra comme un jour d'horreur, je l'avoue, mais aussi comme un jour de justice...

TABLE DES MATIÈRES

FIN DE LA TABLE

Saint-Amand (Cher). — Imprimerie Bussière.

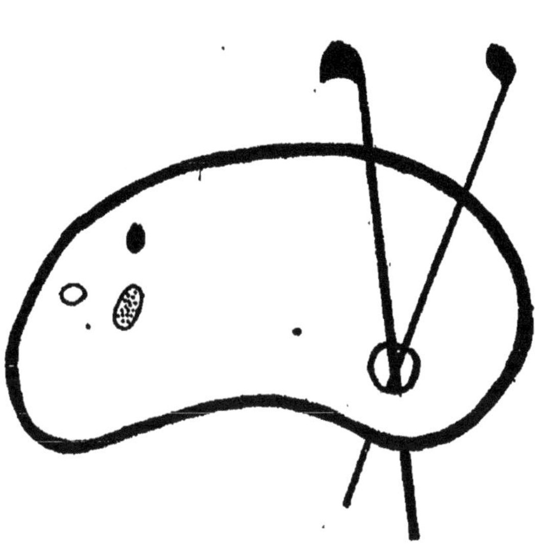

www.ingramcontent.com/pod-product-compliance
Ingram Content Group UK Ltd.
Pitfield, Milton Keynes, MK11 3LW, UK
UKHW021012200726
13857UKWH00004B/1405

9 782012 835146